LES
ROBERTET AU XVIᴱ SIÈCLE

PAR

G. ROBERTET

ADMINISTRATEUR DE LA BIBLIOTHÈQUE DE L'ARSENAL

REGISTRE DE FLORIMONT ROBERTET

CATALOGUE D'ACTES ROYAUX DU RÈGNE DE FRANÇOIS Iᵉʳ

(15 OCTOBRE 1524 — 18 AOUT 1525)

PUBLIÉ AVEC LA COLLABORATION DE

E. COYECQUE

ARCHIVISTE-PALÉOGRAPHE

PARIS

LIBRAIRIE DE FIRMIN-DIDOT ET Cᴵᴱ

IMPRIMEURS DE L'INSTITUT, RUE JACOB, 56.

1888

LES

ROBERTET AU XVIᴱ SIÈCLE. 1158

TYPOGRAPHIE FIRMIN-DIDOT. — MESNIL (EURE).

LES
ROBERTET AU XVIᴱ SIÈCLE

PAR

G. ROBERTET

ADMINISTRATEUR DE LA BIBLIOTHÈQUE DE L'ARSENAL

———

TOME II. — FASCICULE Iᵉʳ.

REGISTRE DE FLORIMONT ROBERTET

CATALOGUE D'ACTES ROYAUX DU RÈGNE DE FRANÇOIS Iᵉʳ

(15 OCTOBRE 1524 — 18 AOUT 1525)

PUBLIÉ AVEC LA COLLABORATION DE

E. COYECQUE

ARCHIVISTE-PALÉOGRAPHE

PARIS

LIBRAIRIE DE FIRMIN-DIDOT ET Cⁱᴱ

IMPRIMEURS DE L'INSTITUT, RUE JACOB, 56.

———

1888

AVIS DES ÉDITEURS.

M. Georges Robertet avait, il y a quelque temps, conçu le pro-
jet de consacrer à ceux de ses ancêtres qui ont vécu au seizième
siècle et qui ont occupé, à cette époque, sur la scène politique
une place importante, une série d'études biographiques, suivies
de documents inédits. Ce travail devait comprendre deux volumes : le tome I devait renfermer, avec les études biographiques
à l'instant mentionnées, la collection des lettres des divers Robertet du seizième siècle qui nous ont été conservées ; les *Mémoires* de
Florimont II Robertet (1557-1558) devaient former le second
fascicule du tome II. La mort étant venue frapper M. Georges
Robertet au mois d'août dernier, le *Registre de Florimont I*, qui
devait former le premier fascicule du tome II, est la seule partie
des *Robertet au seizième siècle* qu'il nous sera donné de publier.

INTRODUCTION

Le premier volume du recueil officiel des *Ordonnances des rois de France de la troisième race* parut en 1723 ; en 1790, la collection comptait quatorze volumes : il avait été publié, en moyenne, un volume tous les cinq ans.

Les événements politiques de la fin du dix-huitième siècle et les modifications profondes introduites dans la constitution des corps savants eurent pour conséquence d'interrompre une œuvre poursuivie avec la plus louable activité depuis près d'un siècle.

Ce n'est qu'en 1811 que l'Académie des inscriptions et belles-lettres fit paraître le tome XV ; trente-huit ans plus tard, avec le tome XXI, presque exclusivement consacré aux ordonnances du règne de Louis XII, on atteignait la limite extrême qui avait été fixée lors de la reprise des travaux. Une table générale ayant été ajoutée à la collection, l'Académie des inscriptions considéra sa tâche comme achevée.

Récemment, une autre section de l'Institut, l'Académie des sciences morales et politiques, émettait l'avis qu'il ne serait pas sans utilité de continuer le recueil des ordonnances prématurément clos, suivant elle, à la mort de Louis XII. Une Commission spéciale, dont M. G. Picot est le secrétaire, fut chargée de préparer cette nouvelle série de publications [1].

En même temps, l'Académie des sciences morales et politiques, estimant qu'il y aurait intérêt pour le règne de François Ier et de ses successeurs à ne point recueillir uniquement les ordonnances promulguées par ces princes, décidait de comprendre dans la collection tous les actes émanés de l'autorité royale.

Puisqu'on élargissait le cadre de la publication, il fallait en modifier le plan. L'œuvre de la Commission comprendra, en effet, deux parties : en premier lieu, un catalogue des actes de François Ier ; en second lieu, une édition critique du texte des plus importants de ces actes, et en particulier des ordonnances proprement dites.

Le premier volume du *Catalogue* vient de paraître : il compte 3834 articles pour la période allant du 1er janvier 1515 au 31 décembre 1530.

En vue de l'établissement de ce recueil, les divers dépôts d'archives, les collections manuscrites conservées dans les bibliothèques de Paris, de la province et de l'étranger [2] ont été l'objet de recherches minutieuses, de dépouillements attentifs ; il a été fait de même pour les nombreux travaux d'érudition publiés depuis le seizième siècle. Les résultats de cette vaste enquête sont consignés dans le *Catalogue :* à la suite de l'analyse de chaque document, on

---

[1] Voir les Rapports de cette Commission dans le *compte-rendu des Séances et travaux de l'Académie des sciences morales et politiques :* 1885, II, 332 ; — 1886, I, 499 ; — 1887, I, 547 ; — 1888, I, 415.

[2] *Notes sur les actes de François Ier conservés dans les archives de Turin, Milan, Gênes, Florence, Modène et Mantoue*, par P. M. Perret. In-8°, IV-58 p. Paris, Picard, 1888.

trouve l'indication du dépôt où celui-ci est conservé et tous les renseignements bibliographiques qui peuvent être nécessaires.

Et cependant ce *Catalogue* (nous ne parlons, bien entendu, que du premier volume), ce *Catalogue*, disons-nous, est incomplet; des actes importants n'y figurent pas. A cela quoi d'étonnant? Dans une œuvre aussi considérable, nul ne saurait demander à l'auteur ce que l'auteur même ne saurait rêver, la perfection absolue. En ce qui nous concerne, nous n'avons donc point été surpris quand, au cours des recherches que nous poursuivons en vue de recueillir les matériaux de notices biographiques sur les différents membres de la famille Robertet au seizième siècle, nous avons constaté que le registre de Florimont I Robertet avait échappé aux premières investigations de la Commission. Nous savions, d'un autre côté, l'impression du *Catalogue* trop avancée pour pouvoir, en temps opportun, signaler le document à M. G. Picot. Aussi nous sommes-nous mis en mesure de publier ce registre, espérant qu'il semblerait aux autres comme à nous-même constituer un utile appendice au *Catalogue* et une source ·d'informations précieuses pour l'histoire de la régence de Louise de Savoie.

Ce registre, aujourd'hui conservé à la Bibliothèque nationale sous le numéro 5779 du fonds français [1], est inti-

---

[1] C'est un petit volume de 133 feuillets en papier, mesurant 193 millimètres sur 132; il conserve encore sa reliure du seizième siècle. Avant son entrée à la Bibliothèque du Roy (Regius, $\frac{10334}{2}$), ce manuscrit faisait partie de la collection d'Antoine Faure (n° 129).

tulé : « *Registre de messire Florimont Robertet, chevalier, secretaire des finances du Roy, des expedicions comandées par Madame, regente en France durant l'absence d'icelluy seigneur hors son royaume.* » Il renferme l'analyse de 603 actes dont le plus ancien est daté du 15 octobre 1524 et le plus récent du 18 août 1525 : pour cette même période le *Catalogue* ne signale que 120 articles, dont 12 seulement se retrouvent dans notre publication.

Le manuscrit français 5502 de la Bibliothèque nationale offre beaucoup d'analogie avec le ms. 5779. Retrouvés l'un et l'autre par la Commission au cours de recherches ultérieures, ces deux registres ont été par elle décrits sommairement dans une note faisant suite au quatrième Rapport (mars 1888). Le manuscrit 5779 portant le nom de Florimont Robertet, nous pouvions le faire entrer dans le cadre de notre ouvrage : il n'en était pas de même du manuscrit 5502. Aussi avons-nous borné à la publication du premier de ces registres notre collaboration à l'œuvre de la Commission, nous empressant de laisser à celle-ci le soin de faire connaître le contenu du second qu'elle a fort justement intitulé : « *Registre des dépêches du Conseil.* »

Le registre qui nous occupe, ouvert par Florimont Robertet, alors trésorier de France [1], fut tenu et composé par ses différents secrétaires, comme l'atteste la diversité

---

[1] On sait que Florimont Robertet avait été nommé trésorier de France avec Louis de Poncher, Pierre le Gendre et Jean Cottereau, par acte daté de Rouen, 20 octobre 1508. — Voir Simon Fournival, *Recueil général des titres des trésoriers de France*, etc. Paris, Chouqueux, 1655, in-fol. page 16; et Fontanon, *Édits et ordonnances des roys de France*, etc. Paris, Michel, 1611, t. II, fol. 55 et 775.

des écritures. Ceux-ci ne procédaient pas à l'inscription des actes au fur et à mesure de leur rédaction, mais seulement lors de leur expédition ; ainsi, du moins, croyons-nous pouvoir expliquer l'ordre absolument arbitraire dans lequel sont rangés les divers articles du registre. Nous les avons ici classés chronologiquement et donné par suite à chacun d'eux un numéro d'ordre nouveau, prenant soin toutefois d'indiquer celui qu'il eût porté si le registre eût été publié tel quel ; on trouvera cette mention, à la fin de chaque article, immédiatement avant celle du folio.

Qu'il nous soit également permis d'adresser aux secrétaires de Florimont Robertet le reproche de distraction et de négligence : ici ils enregistrent trois fois l'analyse d'un même acte et deux fois celle d'un autre [1] ; là, ils omettent la date de temps d'un acte, mais n'en écrivent pas moins en tête de l'analyse suivante : « Aud. lieu et jour [2] » ; ce fait se reproduit encore cinq feuillets plus loin où nous lisons : « Aud. lieu (Lyon), au moys de may », et à l'article suivant : « Aud. lieu et jour [3] ». Nous avons essayé de réparer ces inexactitudes, sans oser prétendre y avoir toujours réussi [4].

On dira peut-être qu'il nous eût été possible d'obtenir sur ce point un résultat plus parfait, en recherchant l'ori-

---

[1] Nos 425 (fol. 92), 432 (fol. 93 v°), 445 (fol. 97 v°) = no 430. — Nos 423 (fol. 92), 428 (fol. 92 v°) = no 435. — Nos 475 (fol. 103 v°), 480 (fol. 104) = no 479.

[2] Fol. 100.

[3] Fol. 105.

[4] Voir nos 463-468, 493-494.

ginal des actes ou, à leur défaut, une expédition ou une copie. Mais, répondrons-nous, les rédacteurs du *Catalogue* ont précisément exécuté ce travail et leurs recherches, si étendues qu'elles aient été, ne les ont amenés à retrouver, pour la période allant du 15 octobre 1524 au 18 août 1525, que douze des actes consignés dans notre registre; plus tard, sans doute, quelques autres seront encore découverts : nous n'en sommes pas moins, dès maintenant, autorisés à croire que le registre de Florimont Robertet nous a seul conservé la trace d'environ 500 actes pour dix mois du règne de François Ier.

TABLE.

A

TABLE. XVII

b

TABLE. XIX

TABLE. XXI

TABLE. XXIII

TABLE.   XXV

TABLE.   XXVII

TABLE. XXIX

FIN DE LA TABLE.

REGISTRE

DE

MESSIRE FLORIMONT ROBERTET

CHEVALIER, SECRETAIRE DES FINANCES DU ROY,
DES EXPEDICIONS COMANDÉES PAR MADAME, REGENTE EN FRANCE
DURANT L'ABSENCE D'ICELLUY SEIGNEUR HORS SON ROYAUME.

[15 octobre 1524 — 18 août 1525.]

OCTOBRE.

1. Tournon, 15 octobre. — Pour Pierre le Bossu don de l'office de receveur des boittes des monnoyes et payeur des gaiges des maistres generaulx et autres officiers desd. monnoyes à Paris, vaccant par le trespas de feu Françoys Ra. (1. — fol. 1.)

2. Sainct-Just, 20 octobre. — Pour maistre Estienne Duron la chappelle de Sainct-Thomas de Cantorbie en l'autel de la Trinité en l'eglise de Sainct-Sauveur de Bloys, par la resignation de maistre Jehan Duboys. (17. — fol. 4.)

3. Sainct-Just, 20 octobre. — Pour Guillaume des Grés le benefice clerical en la chappelle du boys de Vincennes vaccant par la demission de maistre Blaise Paige. (18. — fol. 4 v°.)

4. Sainct-Just, 23 octobre. — Pour maistre Jerosme de Champeverne presentacion à monseigneur l'arcevesque de Rouen de la cure de Sainct-Thomas de la Cochée de Croysset, vaccant par la mort de maistre Guillaume Tuvache, estant lad. presentacion

1

à la disposicion du Roy à cause de la garde des myneurs du feu sieur de Melmont. (26. — fol. 6.)

5. Lyon, 25 octobre. — Acquict au receveur ordinaire de Verneul de la quantité de IIII muids de fromant lesquelz Madame, en vertu de son povoir, a donnez et aumosnez aux religieux et freres myneurs du convent de Champvierge. (2. — fol. 1.)

6. Lyon, 26 octobre. — Pour maistre Loys Fumée don de l'office de secretaire à gaiges vaccant par la resignacion de maistre Jehan de Pré, faicte par procureur. (3. — fol. 1.)

7. Lyon, 26 octobre. — Pour ceulx de Thoulouse moderacion de la somme que le Roy leur avoit demandée par emprunct, qui estoit de dix mille frans, à la somme de VI^m. (5. — fol. 1 v°.)

8. Lyon, 27 octobre. — Pour led. maistre Loys Fumée l'office de l'ung des quatre notaires de la court de Parlement à Paris vaccant par la resignacion dud. de Pré, faicte par procureur. (4. — fol. 1 v°.)

9. Saint-Just, 27 octobre. — Pour Phelippes le Charpentier, fourrier ordinaire de Madame, l'office de concierge et garde du parc de Villiers-Coteret, en la duché de Valloys, vaccant par la mort de feu Anthoine de Corville. (6. — fol. 1 v°.)

10. Lyon, 27 octobre. — Pour Monsieur de Lorraine traicte de troys cens queues de vin, assavoir cinquante du creu de Bourgoigne et II^c L du creu de Champaigne, pour la provision de ses places, franchement et quictement. (8. — fol. 2.)

11. Saint-Just, 27 octobre. — Pour Charles Cauche, mareschal des logeiz de Madame, duchesse de Bourbonnois, don du profit et emolument du greffe et seel de Montluçon, sa vie durant. (15. — fol. 4.)

12. Saint-Just, 28 octobre. — Pour maistre Nicolle Meugyn, secretaire de Monsieur de Lorraine, traicte de XX queues de vin, franche et quicte, pour les mener en Lorraine pour la provision de sa maison. (7. — fol. 2.)

13. Saint-Just, 28 octobre. — Permission à dame Blanche de Langheac, abesse de Besle en Auvergne, qu'elle puisse envoyer à Romme pour obtenir une signature seullement de la resignacion qu'elle veult faire au proffit de Anne de Langheac, sa niepce, et ce nonobstant les deffences. (10. — fol. 2 v°.)

14. Saint-Just, 28 octobre. — Pour freres Pierre Roillart et Anthoine Pidoux congié et permission d'aller ou envoyer à Romme pour avoir les provisions et expedicions neccessaires des abbaye[s] d'Orvau et d'Aiguevive, suyvant l'accord et concordat qu'ilz en ont par entre eulx fait et passé. (21. — fol. 5.)

15. Saint-Just, 29 octobre. — Acquict à maistre Pierre Pòtier, receveur des exploitz et amandes en la court de Parlement de Thoulouse, de la somme de six cens trente sept livres dix solz tournoys ordonnée par Madame à maistre Anthoine Durant, conseiller de lad. court, pour ses journées et vaccacions de certaine commission à luy addressé par le Roy pour s'enquerir, du juge mage de Nysmes et autres, de la pillerie qui avoit esté faicte des biens de feu maistre Jehan de Lagut, et de la procedure par luy faicte contre les delinquans, où il a vacqué cent quatre-vingtz troys journées, avec Huguet Petit, son clerc, qui a vacqué à mynuter et grossoyer soubz led. Durant toute la procedure par lui faicte ; qui est, à raison de soixante solz tournoys par jour pour led. Durant, la somme de cinq cens quarente six livres tournoys, et à sond. clerc quatre vingtz unze livres dix solz tournois. (11. — fol. 2 v°.)

16. Saint-Just, 29 octobre. — Permission aux abbez et convent des abbayes de Jumeges et Vallemont, nagueres refformées, que incontinent après les deffences faictes par le Roy de non envoyer à Romme, ilz y puissent envoyer pour obtenir des provisions et bulles pour unir et incorporer lesd. abbayes et monasteres à la congregacion de Chesau-Benoist, avec moderacion des censures rigoureuses apposées en la bulle principalle de lad. congregacion, et aussi pour faire agreger à [lad. congregacion le monastère et convent de Sainct-Pierre de Lyon, en tout et par tout, fors à la triennalité des abesses, ou lieu de quoy sera mis clause que lesd. abbesses pourront estre, si faire ce doit, suspendues ou privées au chappitre general de lad. congregacion, tant que la refformacion de lad. congregacion durera. (12. — fol. 3.)

17. Saint-Just, 29 octobre. — Pour le sieur et dame de Linieres l'aubeyne de Jacques de Sournay, le Vieux, et Jacques de Sournay, le Jeune, prestres, lequel Jacques le Vieux estoit natif de Dombes, decedé sans avoir obtenu lectres de naturalité et congié de tester, delaissant led. Jacques de Sournay, le Jeune, son fils bastard, lequel est semblablement decedé. (19. — fol. 4 v°.)

18. Saint-Just, 30 octobre. — Pour maistre George du Verele l'office de secretaire et varlet de chambre de Monsieur le Dauphin, vaccant par le trespas de feu maistre... Trignac. (13. — fol. 3 v°.)

19. 30 octobre. — Pour maistre Jamez de Lauzon l'office d'advocat du Roy en la senechaucée de Poictou vaccant par la resignacion de maistre Pierre Laurens, faicte par procureur. (14. — fol. 3 v°.)

20. Saint-Just, 31 octobre. — Lectres de naturalité pour maistre Henry Flament, prestre, natif de Replonge-lez-Mascon, ou pays de Bresse, pour tenir et posseder certaine chappelle et commission de messes fondées en l'eglise Sainct-Vincent de Mascon. (16. — fol. 4.)

21. Saint-Just, 31 octobre. — Pour frere Anthoine d'Augerant, pourveu de l'abbaye d'Yssoire, congié et permission d'aller à Romme pour lever les bulles et provisions neccessaires pour raison d'icelle. (20. — fol. 4 v°.)

22. Saint-Just, 31 octobre. — Pour maistre Hubert Baulot la prebende de l'eglise collegialle de Sainct-Quiriasse de Provins vaccant par la permutacion faicte par maistre Jehan Boucquemare avec led. Baulot à une des portions de la chappelle de Sainct-Denys fondée en lad. eglise. (22. — fol. 5.)

23. Saint-Just, 31 octobre. — Acquit addressant à maistre Philibert Tissart, general de Bretaigne, par lequel Madame veult et entend que les poissonniers et pourveoyeurs tirans de Bretaigne du poisson pour la provision et despense de son hostel, soient tenuz quictes et paisibles par les fermiers de la traicte du poisson, tant fraiz que sallé, en la conté de Nantes, du droit et devoir de traicte qu'ilz pourroient devoir à cause desd. provisions qu'ilz ont cy devant passées et pourront cy après passer pour la despense de son hostel jusques à la somme de deux cens livres tournoys par an et au dessoubz, sans ce qu'il leur soit besoing en lever, tant du passé que de l'advenir, autre mandement ou acquit que led. acquit. (23. — fol. 5.)

24. Saint-Just, octobre. — Pour [Anne-Gilbert] du Puy-Malseignac, s^r dud. lieu, creation de quatre foyres et ung marché chascune sepmaine aud. lieu de Malseignac, c'est assavoir l'une des foyres le xxiiiime jour de janvier, la seconde le second jour de may, la troisiesme le xvime jour d'aoust, la iiiime le derrenier jour de novembre; et led. marché le mardy de chascune sepmaine. (9. — fol. 2.)

Collection des ordonnances des rois de France. Académie des sciences morales et politiques. — *Catalogue des actes de François Ier.* Tome 1 (Impr. Nat., 1887, in-4°), n° 2087.

NOVEMBRE.

25. Saint-Just, 1er novembre. — Pour maistre Jehan Hannequyn collacion de l'Ostel-Dieu-le-Conte de Troyes, vaccant par le trespas de Villemor. (34. — fol. 7 v°.)

26. Saint-Just, 2 novembre. — Permission à maistre Guy Bouchart, dit d'Aubeterre, d'envoyer à Romme pour obtenir bulles et provisions apostolicques de l'abbaye seculiere et collegialle de Sainct-Sauveur d'Aubeterre, ou diocese de Perigueux. (24. — fol. 5 v°.)

27. Saint-Just, 4 novembre. — Pour Anthoine de la Roche-foucault, s^r de Barbezieux, permission pour faire tirer de ses terres et seigneuries d'Auvergne jusques à la quantité de trays mille sextiers de blé et iceulx faire mener, vendre et distribuer tant ès villes de Paris, Orleans, Bloys, Tours que ès environs, en payant les peages et droitz de traicte. (25 — fol. 5 v°.)

28. Saint-Just, 6 novembre. — Pour maistre Nicolle de l'Auge nouvelle creacion et don de l'office de conseillier en la Chambre du Conseil de Dombes, erigée à Lyon, pour en joyr tout ainsi que font les autres conseilliers establis en lad. Chambre. (27. — fol. 6.)

29. Saint-Just, 6 novembre. — Pour maistre Anthoine Audouyn creacion et don de semblable office. (28. — fol. 6.)

30. Saint-Just, 6 novembre. — A Gilles Cochon l'office de huissier de la court de Parlement à Paris vaccant par le trespas de Jehan Allart. (29. — fol. 6 v°.)

Catalogue des actes de François Ier. T. I, n° 2089.

31. Saint-Just, 6 novembre. — Aud. Gilles Cochon permission de resigner dedans six moys les offices de huissier des generaulx et sergent fieffé à Paris. (30. — fol. 6 v°.)

32. Saint-Just, 6 novembre. — Acquict adressant au tresorier de l'Espargne pour souffrir et permectre à maistre Guillaume Barjot, tresorier de Beaujeuloys, prendre et retenir par ses mains, des deniers de sad. tresorerie, sur le dernier quartier de ceste presente année, la somme de quatre mille livres tournoys pour son remboursement de pareille somme qu'il a prestée au Roy. (31. — fol. 6 v°.)

33. Saint-Just, 6 novembre. — Permission aux commissaires depputez par le pays de Lyonnois sur le fait des advitaillemens du camp estant en Provence qu'ilz puissent vendre la quantité de IIIe LXXII queues de vin demouré de ce qu'ilz avoient fourny à la monicion dud. camp, ou le tirer et ramener en Lyonnoys et pays circunvoysin franchement et quictement, pour le vendre comme dit est. (52. — fol. 12.)

34. Saint-Just, 7 novembre. — Pour Jehan Allot retenue de varlet de chambre de Monsieur le Dauphin, vaccant par le trespas de feu Robert Blaudin. (37. — fol. 8 v°.)

35. Saint-Just, 8 novembre. — Pour maistre Eustace Phelippes don de l'office de general des aydes à Montpellier, vaccant par le trespas de feu... de Petra. (33. — fol. 7.)

36. Saint-Just, 8 novembre. — Pour Gabriel Ravail lectres patentes addressans au bailly de Montferrand ou son lieutenant, que s'il luy appert des lectres d'assignacion et accord fait de xiie l. t. payables en douze années par feue madame de Bourbon à feue Claude Coyffier, mere dud. Ravail, à icelle somme de xiie l. t. avoir et prendre en douze années sur le tresorier de Montpensier, qu'il contraigne led. tresorier à payer aud. Ravail c. l. t. qui sont escheuz puis la Sainct-Jehan-Baptiste derrenier, et doresenavant par chascun an les termes qui escherront cy après, selon et en ensuivant lesd. lectres d'assignacion faictes par mad. dame de Bourbon. (45. — fol. 10.)

37. Saint-Just, 8 novembre. — Pour maistre Jehan de la Salle collacion de la prebende de Nostre-Dame de Villeneufve, par le trespas de maistre Loys de la Roche, estant à la collacion du Roy, à son tour. (54. — fol. 12 v°.)

58. Saint-Just, 9 novembre. — Pour Jaques de Tournemire commission adressant au bailly des montaignes d'Auvergne, juge et garde des seaulx, pour souffrir et permectre aud. de Tournemire redresser et eriger fourches patibulaires en sa seigneurie de Val, en laquelle il a tout droit de haulte justice, basse et moyenne, pourveu que lesd. fourches n'ayent esté abatues par auctorité de justice. (32. — fol. 7.)

39. Saint-Just, 9 novembre. — Acquict au receveur des exploictz et amendes de la court de Parlement de Thoulouse pour payer et bailler à monsieur le president, maistre Berthelemy Robin, la somme de six cens vingt cinq livres tournoys à luy ordonnée par Madame pour vaccacions d'avoir fait les procès d'aucuns prisonniers, et, en ce faisant, y ayoir vacqué plusieurs journées, et à maistre Pierre Tralaigne qui luy a, esd. procès, servy de greffier, la somme de IIII^{xx} l. t. v s. t. (35. — fol. 7 v°.)

40. Saint-Just, 9 novembre. — Acquict adressant au tresorier de l'Espargne pour faire paier à maistres Tristan du Soultre, Helye Reignier, Sancs Hebrart, et Pantaleon Joubert, conseilliers en la court de Parlement à Thoulouse, par le receveur des exploitz et admendes de lad. court, à chascun d'eulx la somme de LXXV l. XII s. VI d. t. par an, le temps qu'ilz tiendront lesd. offices, pour faire venir les gaiges desd. officiers, qui ont esté expediés en forme de conseilliers clers, à la raison des laiz, ainsi que le Roy par ses lectres de declaracion a voullu et ordonné. (36. — fol. 8.)

41. Saint-Just, 9 novembre. — Acquict adressant au tresorier de l'Espargne pour faire payer et bailler par le receveur des exploictz et amendes de la court de Parlement à Bourdeaulx à maistre Jaques Myant, president en lad. court, la somme de six cens vingt cinq livres tournoys à luy ordonnée par Madame pour ses paines et vaccacions d'avoir fait le procès d'aucuns prisonniers, et, en ce faisant, y avoir vacqué plusieurs journées, et à Anthoine Sartin qui luy a, en ce faisant, servy de greffier, IIII^{xx} l. v s. t. (38. — fol. 8 v°.)

42. Saint-Just, 9 novembre. — Pour maistre Guillaume Palmyer la chappelle de Sainct-Vincent fondée en l'eglise Nostre-Dame de Grenoble, vaccant par la resignacion de Anthoine Palmyer, à cause de la permutacion à la chappelle Saincte-Anne fondée en la maison archiepiscopale de Vienne. (40. — fol. 9.)

43. Saint-Just, 9 novembre. — Pour Jehan le Masson don de la prebende Sainct-Quentin vaccant par la resignacion de Michel Resse, à cause de permutacion faicte ou à faire à la cure de Sainct-Pierre de Bernoy. (41. — fol. 9 v°.)

44. Saint-Just, 10 novembre. — Sauf-conduyt marchant octroyé, en faveur de mons' de Lade, à Cornille de Fermycourt Loys de Sainct-Vaast, Jaques de Fruan, marchans, pour faire venir en ce royaulme, par Cambray, des pays de Flandres, cent chariotz chargez de toutes marchandises, et de ce royaulme tirer autres cent charioz de semblables marchandises, pourveu que ce soit sans desroguer au sauf-conduyt octroyé à Eustace le Doyen et que lesd. marchandises ne soient prohibées et deffendues, et en payant les droitz de traicte, etc. (56. — fol. 13.)

45. Saint-Just, 11 novembre. — Main-levée du saisissement fait de la commanderie de Bellecombe et autres biens, terres et seigneuries des grans prieurs et commendeurs situées ès pays de Daulphiné, Valentinoys et Dyoys, suyvant le traicté et accord fait par le Roy avec les grans prieurs et commandeurs de l'ordre Sainct-Jehan de Jherusalem. (39. — fol. 9.)

46. Saint-Just, 11 novembre. — Nominacion et presentacion que Madame fait au Roy de l'office de grenetier de Clermont-en-Beauvoysin de la personne de Guillaume Chevalier, [vaccant] par la resignacion de maistre George du Verelle. (42. — fol. 9 v°.)

47. Saint-Just, 11 novembre. — Pour Gabriel Symonet l'office d'esleu ordinaire sur le fait des aydes et tailles en l'ellection de Chausteau-Chinon, nouvellement creé et erigé par Madame, suyvant l'edict de la creacion fait par le Roy. (44. — fol. 10.)

48. Saint-Just, 11 novembre. — Commission à maistre Charles Luylier pour recevoir les deniers et droiz deuz au Roy sur les especes de marchandises que Eustace le Doyen, marchant, tirera et enlevera du pays et duché de Bretaigne par vertu du sauf-conduit general à luy baillé par le Roy et à maistre Guillaume Berthelemy, contrerolleur des finances de Bretaigne, pour contreroller et tenir le compte et registre desd. marchandises, et mandement au vi-chancellier et autres commissaires en Bretaigne pour contraindre led. Doyen à payer lesd. deniers ainsi qu'il est tenu faire par conventions et marchez faictz avec luy par led. S^r. (47. — fol. 10.)

49. Saint-Just, 11 novembre. — Commission et mandement aux gens des Comptes en Bretaigne pour souffrir et permectre que le vi-chancellier de Bretaigne, le viconte de la Mothe au Groing, maistre Jehan Vaillant, conseiller ou Grant Conseil, le vis-admiral dud. Bretaigne, Guillaume Berthelemy et Charles Luylier, et les deux ou troys d'eux en l'absence des autres, puissent vacquer et assister à l'audicion des comptes du feu tresorier de Bretaigne, Jehan de l'Espinay, et entrer en lad. chambre avec lesd. maistres des comptes jusques à la closture desd. comptes d'icelluy de l'Espinay. (48. —fol. 11.)

50. Saint-Just, 11 novembre. — Commission aux commissaires ordonnez par le Roy en la chambre du Conseil de ses finances à Paris pour bailler et delivrer aux vi-chancellier de Bretaigne, viconte de la Mothe au Groing, vis-admiral dud. Bretaigne et autres bons personnaiges ou à homme exprès les doubles et coppies collacionnées aux originaulx des comptes du tresorier de la marine, maistre Michel Menant, de toutes les despences qu'il a faictes en Bretaigne tant pour les affaires de la mer que la terre. (49. — fol. 11.)

51. Saint-Just, 11 novembre. — Mandement au vis-chancellier et gens du conseil et chancellerie de Bretaigne pour interiner la declaracion que le Roy a faicte sur les droiz et preheminences de l'admyraulté de Bretaigne. (50. — fol. 11 v°.)

52. Saint-Just, 11 novembre. — Commission aux vi-chancellier de Bretaigne, maistre Jehan Vaillant, conseillier ou Grant [Conseil], et maistre Guillaume Berthelemy, contrerolleur des finances en Bretaigne, pour vacquer et entendre avecques autres commissaires mencionnez en une commission que led. S^r a fait expedier, et aux deux ou troys d'entre eulx, en l'absence des autres, à faire venir à lumiere et à son prouffit plusieurs sommes

de deniers à luy revenans bons pour les causes à plain contenues et declarées en lad. commission. (51. — fol. 11 v°.)

53. Saint-Just, 11 novembre. — Commission de la charge et
payement des mortes-payes de Normandie pour Françoys
Mahieu, vaccant par la pure et simple resignacion que en a
personnellement faicte à son proffit Mathurin du Pont. (53. —
fol. 12 v°.)

54. Saint-Just, 13 novembre. — Comission par laquelle Madame subrogue maistre Françoys Lavel à vacque[r], ou lieu de
feu maistre Françoys de Luynes, avecques les autres commissaires establiz par le Roy à reveoir et examiner les comptes
d'aucuns officiers comptables de la seneschaucée de Thoulouse
qu'on dit avoir malversé en leurs offices. (55. — fol. 12 v°.)

55. Lyon, 14 novembre. — Pour maistre Jehan de Hangest
la prebende de Sainct-Quentin en Vermandoys, par la permutacion à la chappelle de Saincte-Croix, en l'eglise parrochial d'A-
dam, ou diocese de Tournay, avec maistre Françoys de Hangest. (272. — fol. 61.)

56. Saint-Just, 15 novembre. — Saisissement de la secretair-
rerie de Nostre-Dame de Savigny en l'abbaye dud. lieu et mise
soubz la main du Roy, et soubz icelle baillée à administrer, regir et gouverner à Françoys Genevoys, relligieux dud. ordre
Saint-Benoist, et d'en rendre bon compte et reliqua jusques au
revenu de trente livres tournoys par an. (57. — fol. 13 v°.)

57. Saint-Just, 15 novembre. — Pour Pierre de Matan la ser-
genterie de Montaubeuf aux foretz et buissons du Roy, en la
viconté de Bayeulx, vaccant par la mort de Gilles Thoyny.
(61. — fol. 14 v°.)

58. Lyon, 18 novembre. — Lectres par lesquelles Madame
mande à tous justiciers et officiers du Roy, tant ou royaulme,
pays de Daulphiné que Provence, qu'ilz ayent à garder et faire
garder et observer les lectres de sauvegarde et deffences de gees-

ches octroyées par le Roy au monastere de Nostre-Dame des Celestins de Coulombiers; et que neantmoins les seneschal de
Beaucaire et bailly de Sainct-Marcelin ou son lieutenant s'in-
forment de ceulx qui, contre lad. sauvegarde, y ont envoyé des
geesches, et, l'informacion faicte, procede contre eulx par ad-
journemens personnelz, prinses de corps et autrement, et des
delinquans facent la pugnicion et reparacion. (58. — fol. 13 v°.)

59. Lyon, 18 novembre. — Lectres de naturalité pour
maistre Jaques de Molario pour tenir la cure de Poullenay en
Lyonnois. (59. — fol. 14.)

60. Saint-Just, 18 novembre. — Pour Jehan Baptiste des
contés de Brequeteville, de Rive, de Gennes, lectres de naturalité
pour tenir beneffices en France jusques à la somme de v° escuz
de revenu. (68. — fol. 16.)

61. Lyon, 21 novembre. — Commission à maistre Françoys
Myngault, conseillier ès Requestes et rapporteur en la chancellerie, pour l'excercice de la juridiction de la Prevosté de l'Ostel en Court, en l'absence du lieutenant dud. prevost. (60. — fol.
14.)

62. Saint-Just, 22 novembre. — Pour maistre Loys d'Assigne,
aumosnier du Roy, don de l'office de conseillier ou conseil et
chancellerie de Bretaigne vaccant par le trespas de feu maistre
Thomas Regis. (65. — fol. 15 v°.)

63. Saint-Just, 23 novembre. — Presentacion à l'arcevesque
de Rouen de la personne de Xristofle Brocart, pour estre pourveu de la cure de Sainct-Jehan de Pierreficque, ou diocese de
Rouen, appartenant la presentacion au Roy, à cause de la garde
des mineurs de feu noble homme Jehan Baylly, en son vivant
s^r dud. lieu de Pierreficque. (63. — fol. 15.)

64. Saint-Just, 23 novembre. — Permission à Jehan de Pier-
reficte d'enlever du pays d'Auvergne et mener en France la
quantité de iii^m septiers de blé. (64. — fol. 15 v°.)

65. Saint-Just, 23 novembre. — Pour Anthoine de Semur, s^r de l'Estang, permission de tirer et enlever du pays de Masconnoys la quantité de iie septiers de blé, mesure de Marcigny, pour le mener à Orleans pour là le faire vendre et ès environs. (66. — fol. 15 v°.)

66. Saint-Just, 24 novembre. — Pour Pierre Godran l'office de maistre des Comptes nouvellement creé et erigé par le Roy, par ses lectres d'edict, statut et ordonnance. (69. — fol. 16.)

67. Saint-Just, 24 novembre. — Pour Jehan Gentil, le Jeune, don de l'office de greffier du bailliage de Dijon et ressort de Sault-le-Duc, vaccant par la pure et simple resignacion personnellement faicte de Pierre Godran. (70. — fol. 16 v°.)

68. Saint-Just, 24 novembre. — Pour Bonaventure Ramaille l'office de greffier d'Auxonne, par la resignacion dud. Pierre Godran. (71. — fol. 16 v°.)

69. Saint-Just, 24 novembre. — Pour Pierre de Mossay l'office de greffier de Sainct-Jehan de Lausne, par la resignacion dud. Pierre Godran. (72. — fol. 16 v°.)

70. Saint-Just, 24 novembre. — Pour Michau Bryois l'office de sergent royal ou bailliage de Touraine, vaccant par la resignacion, faicte par procureur, de Yvonnet de Merdeaulx. (73. — fol. 17.)

71. Saint-Just, 24 novembre. — Acquict addressant au tresorier de l'Espargne pour souffrir et permectre à Claude Laurencin, receveur des tailles à Lyon, prendre et retenir par ses mains des deniers de sa recepte, du quartier de janvier, fevrier et mars prouchain venant, la somme de xvi^c l l. t. pour son remboursement de pareille somme qu'il a paié pour les bateaulx, bateliers et conduicte de lansquenetz qui furent conduictz en Avignon.

En marge : led. acquict a esté reffait, par lequel est mandé au tresorier de l'Espargne faire le remboursement aud. Laurencin. (78. — fol. 18 v°.)

72. Saint-Just, 26 novembre. — Acquict adressant aux gens des Comptes pour passer et allouer ès comptes de grenetier de Joinville, de l'année mil v° vingt deux, la somme de vii° l. t. xix s. viii d. pitte tournoys, que Monsr de Guyse a prins sur luy, oultre la somme de xiiii° xx l. qui luy avoit esté ordonnée par descharge en lad. année, et de laquelle somme de vii° l. xix s. viii d. pitte tournoys lad. dame donne à mond. s^r de Guyse en tant que besoing seroit. (74. — fol. 17.)

73. Saint-Just, 26 novembre. — Acquict au receveur des tailles et aydes de Beaujeuloys pour payer des deniers de sa recepte sur les deux derreniers termes de la taille de l'année prochaine, finissant mil v° xxv, et sur le premier terme de l'année ensuivant, aux eschevyns, manans et habitans de Villefranche et autres personnes denommées en certain compte ataché aud. acquict, veriffié et arresté par le seneschal de Lyon et autres adjoinctz, la somme de v^m ix^c i l. vii s. vi d. obole tournoys pour leur remboursement de pareille somme qu'ilz ont fournie en plusieurs parties pour la monicion des lansquenetz. (75. — fol. 17.)

74. Saint-Just, 26 novembre. — Provision par laquelle Madame veult et ordonne que maistre Françoys Mathieu, puis nagueres pourveu de l'office d'esleu sur le faict des aides et tailles en l'election de Perigort, par la nouvelle creation que le Roy en a faict, joysse plainement et paisiblement dud. office, suivant lad. creation, nonobstant le procès pendant indeciz au Grant Conseil par les scindiz dud. pays et autres à l'encontre dud. esleu, et nonobstant opposicions ou appellacions quelzconques et sans prejudice d'icelles. (76. — fol. 17 v°.)

75. Saint-Just, 26 novembre. — Autre semblable provision pour Pierre de Bourgoingne, Jehan Seguyn, Jaques Chafflup et Estienne le Coste, conseilliers en la senneschaucée de Perigort,

par nouvelle creation du Roy, joyssent pareillement desd. office[s], nonobstant le procès pendant indeciz au Grant Conseil par
les scindiz, juge-maige et autres contre lesd. conseilliers, nonobstant opposicions ou appellacions quelconques et sans prejudice d'icelles. (77. — fol. 18.)

76. Saint-Just, 26 novembre. — Permission aux freres myneurs de Lyon-le-Saulnier de tirer des vinobles de Chalon sur
la Saulne ou d'ailleurs un nombre et quantité de vingt queues
de vin pour la provision de leur convent, franchement et quictement. (79. — fol. 18 v°.)

77. Saint-Just, 28 novembre. — Lectres patentes par lesquelles Madame, en vertu de son povoir et regence, leve et
oste la main du Roy mise et apposée sur les biens meubles et
immeubles qui furent à feu Anthoine de Telliz et de present à
Loys de Telliz et autres ses enffans, et aussi où damoyselle
Jehanne de Sainct-Roumain, vefve dud. deffunct, a son douaire,
assigne en mandement aux commissaires ordinaires à regir led.
temporel qu'ilz ayent à rendre et restablir à lad. damoyselle et
enffans tout ce qui en a esté prins et levé. (80. — fol. 19.)

78. Saint-Just, 28 novembre. — Ordonnance et declaration
par laquelle Madame, tant en son nom que en usant de povoir
et regence à elle baillé par led. s^r, ordonne et declare que mons^r
de Savoye, son frere, puisse avoir, prandre et recueillir tous et
chascuns les biens et succession, en quelque part qu'ilz soient
situez en ce royaulme, de feu madame de Nemours, nonobstant
que mond. s^r de Savoye ne soit natif de ce royaulme, ne aussi,
soubz umbre que mad. dame est seur germaine de lad. de-
funcle, ses officiers y puissent donner aulcun ampeschement.
(83. — fol. 20.)

79. Saint-Just, 28 novembre. — Permission à maistre Leon
Tissard de tenir beneffices en Bretaigne jusques à la somme de
cinq mille livres de revenu, monnoye dud. duché. (88. — fol. 21
v°.)

80. Saint-Just, 29 novembre. — Compulsoyre aux six prieurs des six priorez de l'ordre de Sainct-Jehan de Jherusalem pour contraindre Claude Feau, sr de Sernay, à rendre et restituer ès mains du receveur et procureur dud. ordre les lectres obligatoires de deux mil escuz retirez par led. Feau, dont mencion est faicte aud. compulsoire. (81. — fol. 19 v°.)

81. Saint-Just, 29 novembre. — Compulsoire aux maire, conseilliers, manans et habitans de la Rochelle pour contraindre les esleuz de la Rochelle à mander les causes et raisons qui ont mené à asseoir et imposer les habitans de lad. ville à la taille contre et au prejudice de leurs franchises et libertez, de la composicion à eulx faicte par les predecesseurs roy[s] et par le Roy confermez, et ce sans constituer lesd. habitans en nouveaulx fraiz, et en leur reffuz, leur assigner jour pardevant Madame par le premier huissier ou sergent sur ce requis. (84. — fol. 20 v°.)

82. Saint-Just, 29 novembre. — Pour Françoys Saumaire don de l'office de receveur des restes des officiers comptables du duchié de Bourgogne, vaccant par le trespas de feu Jaques Damas. (85. — fol. 21.)

83. Saint-Just, 29 novembre. — Pour maistre Rolland Taneguy l'office de lieutenant de Quimper-Corentin, vaccant par le trespas de feu maistre Alain Ligadon. (89. — fol. 21 v°.)

84. Saint-Just, 30 novembre. — Lectres patentes par lesquelles Madame a saisy et mis en la main du Roy la commanderye et bailliaige de Leuceul, maisons, places, temporalité, fruictz et revenuz d'icelle, parce que ung nommé Raymond Rogier, estranger et non natif de ce royaulme, detenoit et occupoit lad. commanderye sans avoir lectres de naturalité, et au regime et gouvernement de lad. commanderye a commis et commect Jehan le Groing, prothonotaire du Sainct-Siege apostolicque. (86. — fol. 21.)

85. Saint-Just, 30 novembre. — Pour Jacques Feu, marchant de Brioude, permission de tirer et enlever hors du pays d'Auvergne la quantité de mil septiers de blé ou environ pour mener en France. (87. — fol. 21 v°.)

86. Saint-Just, 30 novembre. — Acquit à maistre Jehan Prevost, nagueres tresorier de l'extraordinaire, de la somme de deux mil vi° v l. viii s. qu'il a baillée et fournye, par l'ordonnançe du Roy, au commis et depputé pour aller requerir et demander aux gens d'eglise de Langue d'oil et Guyenne l'ayde et subvencion qui a esté levé sur les gens d'eglise de ce royaulme, et pour avoir envoyé devers eulx plusieurs chevaulcheurs et autres pour haster lesd. deniers. (90. — fol. 22.)

87. Novembre. — Pour Anthoine de Bessons, prestre, lectre de legitimacion. (43. — fol. 9 v°.)

88. Novembre. — Pour Michel Potin, s^r de la Chassaigne en la Marche, lectres de cha[r]tre d'anoblissement, moyenant la composicion de iii° escuz soleil qu'il a baillez et fourniz pour survenir aux affaires du Roy. (46. — fol. 10 v°.)

Catalogue des actes de François Ier. T. I, n° 2096.

89. Saint-Just, novembre. — Lectre de chartre octroyée(s) à mons^r du Vigen pour la commutation de troys foyres à luy octroyées par le feu roy en la seigneurie du Vigen, aux lieux et jours cy declerez, assavoir la premiere, qui estoit le xime de juing, au jour de la Magdelaine, xxiime de juillet, en sa seigneurie de la Mondye; la ii, qui estoit le xxixme d'aoust, au xiiime jour dud. moys, feste Saincte Radegonde, au lieu et seigneurie de Sainct-Ligaire; et la derreniere et tierce, qui estoit le premier lundy de caresme, au jour et feste Saincte Agathe, vme de fevrier, au lieu de Bourpueil, tous lesd. lieux estans en la chastellenye du Vigen. (62. — fol. 14 v°.)

Catalogue des actes de François Ier. T. I, n° 2095.

90. Saint-Just, novembre. — Lectre de naturalité et congé

de tester pour Estienne de Fleury, avec le don de la finance.
(67. — fol. 16.)

91. Saint-Just, novembre. — A Catherine, Marthe et Adriane
Myant lectres de naturalité et congé de tester, par ce qu'elles
ont esté procrées et engendrées à Millan, pendant que maistre
Jaques Myant, leur pere, y estoit. (82. — fol. 19 v°.)

DÉCEMBRE.

92. Saint-Just, 2 décembre. — Permission à mons^r de Marcilly
de tirer du pays de Masconnoys, de sa maison du Vau de Chesu,
v° chevaulx chargez de blé et iceulx faire mener en Nyvernois, en
autre sienne maison. (91. — fol. 22.)

93. Saint-Just, 3 décembre. — Acquict adressant au tresorier
de l'Espargne pour faire tenir quictes et deschargez les consulz
de Brianson, maistre Guillaume Patrisdon, Anthoine Ysoart et
Jehan Granet, envers le tresorier et receveur general du Daulphiné, de la somme de III° xxv l. t. qu'i leur a prestées pour faire
estappe des victuailles necessaires pour le restour de l'armée
d'Ytallie, lorsque mons^r l'admiral en estoit lieutenant general,
et lesd. deniers baillez et employez à lad. estappe, lesquelz en
rapportant led. acquit et recongnoissance desd. consulz, Madame, en vertu de son povoir, veult estre rabatue et allouée ès
comptes dud. tresorier de Daulphiné. (94. — fol. 22 *bis*.)

94. Saint-Just, 3 décembre. — Pour Jehan de Brane l'office
de chastellain et receveur de Verdung, Saulnieres et Braigny,
vaccant par le trespas de Claude Clerc. (95. — fol. 22 *bis* v°.)

95. Saint-Just, 3 décembre. — Pour Claude Lymosin l'office
de substitut du procureur de Fourestz ès chastellenyes de Feurs
et Cleppé, vaccant par le trespas de feu maistre Michel de la
Croix. (98. — fol. 23.)

96. Saint-Just, 3 décembre. — Declaracion pour ceulx de la
monnoye de Lyon par laquelle Madame, en vertu de son povoir,

ordonne et declere que ceulx de lad. monnoye ne payeront pour les gens de pié qu'on leve en lad. ville(s), tailles, subcides, emprunctz ne autres imposicions, maiz joyront plainement et paisiblement des privileges à eulx octroyez et concedez par les feuz roys. (161. — fol. 37.)

97. Saint-Just, 4 décembre. — Permission à frere Philebert de Beaujeu, religieux de l'ordre Sainct-Benoist, pour envoyer à Romme pour obtenir expedicion des bulles de l'ospital et evesché de Bethleam en Nivernoys. (102. — fol. 24.)

98. Saint-Just, 5 décembre. — Commission adressant au seneschal de Thoulose et autres juges dud. Thoulose pour informer sur certaine requeste baillée par Jehan de Bernoy à messrs du Grant Conseil pour evocquer certain procès pendant en lad. court de Parlement de Thoulose entre led. de Bernoy d'une part et messire Guillaume de Carmayn, sr de Benez, d'autre. (100. — fol. 23 v°.)

99. Saint-Just, 5 décembre. — Lectres de deffences à lad. court de Parlement de Thoulose de ne congnoistre ce pendant de lad. matiere jusques à ce que autrement par led. Conseil en soit ordonné. (101. — fol. 24.)

100. Saint-Just, 5 décembre. — La chappelle de Sainct-Laurens soubz Clermont en Beauvoisin pour maistre Jehan Ysambert, par la permutation qu'en a fait maistre Jaques de Bourges à la cure d'Auchiac en Bray, diocese de Beauvaiz. (111. — fol. 26 v°.)

101. Saint-Just, 5 décembre. — La prebende de Nostre-Dame de Clermont en Beauvoisin pour led. maistre Jehan Ysambert, par la permutation comme dessus. (112. — fol. 26 v°.)

102. Saint-Just, 5 décembre. — Pour maistre Pierre de Bievres la prebende de Sainct-Martin d'Angiers, par la permutation que en a faict maistre Pierre Ernault à la chappelle du Colombeau fondée en l'eglise parrochialle d'Angrie. (113. — fol. 26 v°.)

103. Saint-Just, 5 décembre. — Permission à Magdalaine de

Gaiette, vefve de feu Françoys de Bosse, qu'elle puisse et luy loyse demourer en sa maison et en l'obeissance du Roy, en mectant au neant la relegation par laquelle elle avoyt esté confinée durant deux ans en une ville de ce royaulme, telle qu'il plairoit au Roy, avec surceance de six moys, en actendant que led. s^r viegne de la condampnacion faicte à l'encontre d'elle pour payer cinq cens livres d'amende. (124. — fol. 28 v°.)

104. Saint-Just, 5 décembre. — Acquict addressant au tresorier de l'Espargne pour faire paier et bailler par le receveur des aides et tailles de Beaujeuloys aux manans et habitans de Belleville et autres des villaiges circonvoysins aud. pays [de] Beaujeuloys, la somme de iii^m v^c l. t. pour les recompenser des pertes et interestz par eulx supportez à cause des logeiz et garnisons des lansquenetz, à icelle somme prendre des deux termes derniers de la taille de l'année prouchaine, finissant mil v° xxv, et sur le premier terme de l'année après, finissant v° xxvi, lesquelz deniers Madame veult estre mys ès mains du juge de Beaujeuloys,... de Villeneuve, lieutenant du bailly aud. pays, et de Loys Gayaud, pour par eulx estre distribué aux dessusd. (246. — fol. 55 v°.)

105. Saint-Just, 6 décembre. — L'office de crieur et audiencier des causes en la viconté de Caen pour Jehan Foucot, par la resignacion que luy en a faicte Pierre Foucot, par procureur. (99. — fol. 23 v°.)

106. Saint-Just, 6 décembre. — Eslargissement de la personne de Guillaume Compaing avecques delivrance de tous et chascuns ses biens, tant meubles que immeubles, saisiz et mis soubz la main du Roy, en baillant par led. Compaing bonne et suffisante caucion, en promectant aussi de se rendre prisonnier, comme il estoit, toutes et quantesfois que requis en sera. (104. — fol. 24 v°.)

107. Saint-Just, 6 décembre. — Acquit à mons^r le tresorier Babou, tresorier de l'Espargne, pour par le receveur general des parties casuelles, maistre d'Apestigny, faire payer et delivrer comptant à maistre Jehan le Mercier, commis par le Roy à la visitacion des monnoyes de ce royaulme, la somme de II^c IIII^{xx} x l. I s. t., laquelle Madame luy a ordonnée suyvant la taxe qui a esté faicte par maistre Pierre Anthoine, conseiller au Grant Conseil, par l'ordonnance de mons^r le chancellier. (105. — fol. 24 v°.)

108. Saint-Just, 6 décembre. — Pour les Celestins d'Avignon quictance et remission que Madame leur fait de la somme de cinquante livres de revenu, laquelle ilz ont acquise de la somme de mille livres qu'il leur fut leguée par feu maistre Jehan de Lagut, prestre, de laquelle estoit procès ou Grant Conseil entre le procureur du Roy et lesd. suplians, parce que icellui procureur pretendoit lad. somme appartenir au Roy parce que led. de Lagut estoit bastard et qu'il est decedé sans avoir obtenu lectres de legitimacion, imposant lad. Dame silence aud. procureur et voullant ce qui a esté prins et levé de lad. somme estre rendu et restably auxd. Celestins. (106. — fol. 25.)

109. Saint-Just, 6 décembre. — Pour les scindic et chappitre de l'eglise Nostre-Dame d'Avignon semblable quictance et remission de la somme de mille escuz soleil leguez par led. de Lagut à lad. ecclise. (107. — fol. 25 v°.)

110. Saint-Just, 6 décembre. — Lectre adressant au juge de Compierre ou à son lieutenant qu'il ordonne aux accusateurs de Anthoine Branginet à venir declarer et bailler par escript par devant les gens du Conseil les charges, crimes et delictz desquelz ilz veullent led. Branginet [estre chargé], et cependent et jusques à ce qu'ilz y ayent obey, que led. juge face tenir en suspens et surceance les informacions qu'il fait contre led. Branginect, en vertu de certaine commission à luy decernée. (108. — fol. 25 v°.)

111. Saint-Just, 6 décembre. — Pour maistre Gilbert Moron une vicairie et commission de messes fondée en la chappelle Saincte-Catherine du chasteau de Serniere, vaccant par la resignacion personnellement [faicte] au proffit dud. Moron par maistre Jaques Perotin. (109. — fol. 26.)

112. Saint-Just, 9 décembre. — Pour Ravan Morel don de l'office d'esleu de Falaize, vaccant par le trespas de feu Gilbert Pichart. (114. — fol. 27.)

113. Saint-Just, 9 décembre. — Pour maistre Pierre Caulier don de la chappelle de la Magdelene et administracion des lardre[s] du lieu de Vassen, Andignecourt et le Mesnil, vaccant par la resignacion faicte par maistre Jehan le Petit et par son procureur sur ce suffisamment fondé. (119. — fol. 28.)

114. Saint-Just, 9 décembre. — Pour Anthoine Manda, dit Ponchain, place de religieux lay en l'abbaye de Savigny en Lyonnoys, de l'ordre Sainct Benoist, estant de fondacion royal. (125. — fol. 29.)

115. Saint-Just, 9 décembre. — Pour Pierre Faure, filz de Jehan Faure, chastellain de Sainct-Symphorien-le-Chastel, led. office de chastellain, au survivant des deux. (126. — fol. 29.)

116. Saint-Just, 10 décembre. — Pour Jehan Jacquier l'office de conterrolleur du grenier à sel estably au lieu de Meze au pays de Languedoc, vaccant par le trespas de Pierre de Seret. (117. — fol. 27 v°.)

117. Saint-Just, 10 décembre. — Pour maistre Guillaume du Mayne la chanoynie et prebende de Nostre-Dame-la-Rotonde de Rouen vaccant par la resignacion que maistre Claude Servisy en a, par son procureur, faicte au prouffit du Mayne, à cause de permutacion de la chappelle de Camberon en l'eglise parrochiale dud. Camberon, ou diocese d'Amyens. (120. — fol. 28.)

118. Saint-Just, 10 décembre. — Pour frere Guillaume Quynon, de l'ordre de Sainct-Jehan de Jherusalem, lectre de naturalité et congé pour tenir beneffices en ce royaulme jusques à la somme de deux mille escuz. (121. — fol. 28.)

119. Saint-Just, 10 décembre. — Pour frere Jehan Quynon, de l'ordre de Sainct-Jehan de Jherusalem, autre lectre de naturalité pour tenir beneffices aud. royaulme jusques à la somme de mil escuz soleil. (122. — fol. 28 v°.)

120. Saint-Just, 11 décembre. — Main-levée du saisissement du temporel des prieurés de Riz et de Salles au prouffit de Anthoine le Gay, pourveu dud. prieuré de Riz par mons^r de Cluny, et Regnauld du Puy, pourveu par icelluy abbe de Cluny dud. prieuré de Salles, vaccant lesd. prieurés par le trespas de feu Jaques de Cariere, estant led. temporel en la main du Roy pour s'estre led. de Cariere retiré avec messire Charles de Bourbon. (118. — fol. 27 v°.)

121. Saint-Just, 11 décembre. — Pour Françoys de Durat, s^r de Chasault, commission de prevost des mareschaulx ès pays de la Marche, Combraille, Montagu et ès environs, que souloit avoir et tenir Jehan de Durat, s^r des Portes. (138. — fol. 32.)

122. Saint-Just, 12 décembre. — Pour Jehan de la Haye, s^r des Salles, droit de franc usaige et affouaige en la fôrest de Groboys, pour son chauffaige et bastissaige d'icelle maison de Salles, située en Bourbonnoys, avec permission de mectre par chascun an vingtz porcz en la paisson de lad. forest. (128. — fol. 29 v°.)

123. Saint-Just, 12 décembre. — Pour led. Jehan de la Haye, s^r de Pranvere, autre droit et semblable pour lad. maison de Pranvere, avec autre permission de mectre en la paisson de la forest de Morsanges xx porcz, située aud. Bourbonnoys. (129. — fol. 29 v°.)

124. Saint-Just, 12 décembre. — Acquict au tresorier general du Languedoc de la somme de iiii^m l. t. pour le remboursement de pareille somme que ont prestée Anthoine et Loys Bonvisy, marchans lucquoys, laquelle somme Madame ordonne estre prise sur le receveur des tailles de Lyonnois et des premiers et plus clers deniers de sa recepte du quartier de juillet, aoust et septembre prochainement venant. (136. — fol. 31.)

125. Saint-Just, 12 décembre. — Acquict à Jehan Vigier, escuyer, s^r de Ruffiac, maistre d'ostel de Madame, pour mectre et delivrer entre les mains de mons^r le receveur general, maistre Pierre d'Apestigny, tous et chascuns les deniers qu'il aura receuz et qui seront provenuz de la commission que le Roy luy a par cy devant baillée sur la refformacion des victuailles et monicions levées et coctisées au pays d'Agenoys, et aussi de la creacion des offices de notaires en lad. seneschaucée. (137. — fol. 31 v°.)

126. Saint-Just, 12 décembre. — Pour maistre Anthoine Pertuys la prebende de Sainct-Estienne de Troyes par le trespas de feu maistre Françoys Seguyn. (183. — fol. 41.)

127. Saint-Just, 12 décembre. — Pour maistres Jaques Glenart la prebende de Sainct-Urbain de Troyes par le trespas de feu maistre Françoys Seguyn. (184. — fol. 41 v°.)

128. Saint-Just, 13 décembre. — Pour Pierre Papot, marchant de Charlieu en Lyonnoys, congié et permission de tirer et faire mener et conduire, tant par eaue que par terre, dud. lieu de Charlieu jusques à Orleans, la quantité de quatre cens muys de blé, mesure d'Orleans, pour iceulx vendre. (127. — fol. 29 v°.)

129. Saint-Just, 13 décembre. — Affranchissement et reintegracion aux presidens, conseilliers, greffiers, notaires, advocatz, procureurs, receveurs, huissiers et autres officiers du Roy en la court de Parlement à Rouen, des previlleiges qui leur ont esté donnez par les predecesseurs roys et par led. s^r d'avoir par chascun an, par les mains des grenetiers et contrerolleurs à Rouen, presens et advenir, tel nombre et quantité de sel qu'ilz et chascun d'eulx ont acoustumé d'avoir pour leurs provisions et despences de leurs maisons, franchement et sans payer aucun droit de gabelle, maiz seullement en payant le droit du marchant. (130. — fol. 30.)

150. Saint-Just, 13 décembre. — Pour Pierre du Poys, dit de Nevers, de la fourriere du Roy, congié de tirer et enlever de Bourbonnoys le nombre et quantité de xxx muys de blé pour iceulx mener et conduire jusques en Nivernoys. (133. — fol. 30 v°.)

151. Saint-Just, 14 décembre. — Don à Robert Gosselin, dit le Grant Robert, varlet de chambre du Roy, de l'office de portier de la premiere porte du chasteau de la ville d'Arcques en Normandie, vaccant par le trespas de feu Regnault le Conte, derrenier possesseur d'icelluy. (202. — fol. 45.)

152. Saint-Just, 14 décembre. — Pour maistre Alain Mandart l'office de auditeur et maistre des comptes en Bretaigne vaccant par le trespas de feu maistre Jehan Droillart. (215. — fol. 49.)

153. Saint-Just, 15 décembre. — Acquit au tresorier de l'Espargne, maistre Philibert Babou, pour Barbanson d'Arthois, esleu de Clermont, pour estre payé des gaiges dud. office d'esleu escheuz depuis le trespas de feu maistre Jehan d'Argilliere jusques au jour de son institucion aud. office. (115. — fol. 27.)

154. Saint-Just, 15 décembre. — Pour Hugues Glanne, natif du conté de Bourgogne, lectres de naturalité pour tenir beneffices en France jusques à la somme de cinq cens livres de revenu. (116. — fol. 27.)

155. Saint-Just, 15 décembre. — Pour Gilbert Giraudet l'office de greffier du commis du seneschal du Bourbonnoys à Souvigny pour les religieux prieur et convent dud. lieu, par le trespas de Jehan Regnault. (157. — fol. 36.)

156. Saint-Just, 16 décembre. — Declaracion par laquelle Madame, en vertu de son povoir, veult et declare que les habitans de Beaulne joyssent d'ung denier sur chascun salignon et pinte de sel vendu en lad. ville, suyvant lectrez que le Roy leur en a fait, et ce oultre et par dessus ung autre denier qu'ilz ont par

cy devant acoustumé prendre, nonobstant que ès lectres dud. s^r
ce mot *oultre et par dessus* ait esté obmis. (135. — fol. 31.)

157. Saint-Just, 16 décembre. — Pour les religieuses abbe et
convent de Xainctes souffrance et delay de payer la somme de
deux-cens livres restans de leur cocte et portion du subside levé
par le Roy sur le clergé de son royaulme, et ce jusques au retour
dud. s^r en ce royaulme. (141. — fol. 32 v°.)

158. Saint-Just, 16 décembre. — Acquict à mons^r le tresorier
de l'Espargne pour faire payer par maistre Pierre Quetier, commis à la recepte du droit de gabelle du seel de Bouchois,
de Bourbonnoys, à maistre Victor Bacguyn, la somme de xiiic l.
iiii d. t. pour le remboursement de semblable somme deue par
feue madame Anne de France à feu Françoys d'Orleans, son
tresorier, comme il appert par la certifficacion des gens des
comptes à Moulins, laquelle somme appartient aud. Bacguyn
tant à cause de sa femme que comme curateur des enfans d'elle
et dud. feu d'Orleans. (165. — fol. 37 v°.)

159. Saint-Just, 17 décembre. — Permission à Loys de
Bressieu d'envoyer à Romme pour recouvrer les bulles de la
cure de Nostre-Dame-des-Maretz de la Ferté-Bernard. (139. —
fol. 32.)

140. Saint-Just, 17 décembre. — Pour Diedrig de Langlis-
perg, avoyer de Fribourg, traicte de cinquante poinçons de vin
pour mener en Souysse pour la provision de sa maison, franchement et quictement. (142. — fol. 32 v° .)

141. Saint-Just, 17 décembre. — Pour led. advoyer autre
traicte de cinquante caquès de hareng blanc et soret pour
mener aud. pays de Souysse, aussi franchement et quictement.
(143. — fol. 32 v°.)

142. Saint-Just, 17 décembre. — Traicte de trente muys de
vin pour messire Jehan Brinon, chancellier d'Alençon, pour
tirer et mener en Angleterre où il va en ambassade, franche-

ment et quictement, pour sa provision et despence pour le temps qu'il y pourra resider et demourer. (144. — fol. 33.)

143. Saint-Just, 17 décembre. — Pour Bertrand Jullian, serviteur du prince d'Orenges, natif de ce royaulme, permission et seurecté de se povoir retirer dedens troys moys en ce royaulme et en icelluy demourer et resider tout ainsi qu'il faisoit auparavant estre entré au service dud. prince. (145. — fol. 33.)

144. Saint-Just, 17 décembre. — Pour Françoys Bonnefont, aussi serviteur dud. prince d'Orenge, semblable seurecté et permission que dessus. (146. — fol. 33.)

145. Saint-Just, 19 décembre. — Pour Symon Sister permission de tirer et enlever du pays d'Auvergne le nombre et quantité de troys cens muytz de blé, mesure de Molins, pour le mener à Orleans, Paris et autres lieux de ce royaulme. (147. — fol. 33 v°.)

146. Saint-Just, 19 décembre. — Acquict au receveur general des finances extraordinaires, maistre Pierre d'Apestigny, de la somme de II^c v escuz soleil qu'il a payée et baillée au s^r de Chateaumorant par l'ordonnance de Madame, pour ses journées, fraiz, mises et despences qu'il a faictes en vertu de certaine commission à luy dicernée par le Roy pour aller ès dioceses d'Orleans, Bourges et Nevers demander le subcide levé par led. s^r en iceulx dioceses. (148. — fol. 33 v°.)

147. Saint-Just, 20 décembre. — Pour maistre Jehan Fagot don de l'office de sergent à cheval ou Chastellet de Paris vaccant à present par le trespas de feu Jehan Boudart. (149. — fol. 34.)

148. Saint-Just, 20 décembre. — Continuacion et prolongacion aux maieur, eschevyns, jurez et habitans de Sainct-Quentin de l'octroy à eulx fait par le Roy de prendre et eulx ayder des deniers venus des aydes et subsides qui se lievent sur le vin vendu en groz et en detail en lad. ville de Sainct-Quentin, pour

satisfaire et fournir au payement de certaines rentes d'aucunes
clostures, pieces de terre, masures et places et autres heritaiges
joingnans lad. ville, deues par lesd. habitans tant aud. s^r et à
sa recepte ordinaire de Sainct-Quentin, comme aux eglises de
Sainct-Quentin et Sainct-Pry; lequel octroy leur a esté continué
pour six ans ensuivans et consecutifz, commançans au jour de
l'expiracion dud. octroy fait par led. s^r. (150. — fol. 34.)

149. Saint-Just, 20 décembre. — Il a esté ordonné par le
Conseil qu'il sera baillé au s^r Maximilian Sforce, sur ce qu'il luy
est deu de sa pension, tant de l'année passée que de ceste presente année, la somme de dix mil deux cens soixante unze livres
dix deniers obole tournois, dont led. s^r Maximilian fournira ung
blanc de quictance de semblable somme au tresaurier de l'Espargne, Philippot Babou, pour laquelle icelluy Babou baillera sa
quictance servans aux receveurs des tailles de Lyonnoys et
celles de Forestz, c'est assavoir, aud. receveur de Forestz, de la
somme de v^m ix^c lxxii l. xv s. t., et à celluy de Lyonnoys, de
iiii^m ii^c iiii^{xx} xviii l. v s. x d. obole tournoys, payables par eulx
des premiers et plus'clers deniers de leurs receptes du derrenier quartier de l'année commançant le premier jour de janvier
prochainement venant.

Faict au Conseil ainsi que dessus. (151. — fol. 34 v°.)

150. Saint-Just, 20 décembre. — Continuacion aux manans
et habitans de la ville de Moulins de leur affranchissement de
taille pour le temps et terme de dix ans, à commancer du jour
de l'expiracion du precedent octroy, moyennant la somme de
deux......... (152. — fol. 35.)

151. Saint-Just, 20 décembre. — Pour ceulx de la ville de
Molins continuacion de l'ayde de iiii l. sur chascun muy de sel
ès greniers de Molins, Montluçon et Bourbon l'Ancien, à commancer au jour de l'expiracion du derrenier octroy à eulx fait
par le Roy, et ce pour employer aux repparacions necessaires de
lad. ville. (153. — fol. 35 v°.)

152. Saint-Just, 20 décembre. — Pour maistre Jacques de Bourges collacion de la chapelle de Sainct-Cosme et Sainct-Damyen ou chasteau de Remy, par la resignacion de maistre Symon Billouet et par la permutacion de lad. chappelle à la prebende de Nostre-Dame du chasteau de Clermont en Beauvoysiz. (159. — fol. 36. v°.)

153. Saint-Just, 20 décembre. — Pour led. Symon Billouet lad. prebende, par la permutacion dessusd. (160. — fol. 36 v°.)

154. Saint-Just, 21 décembre. — Acquict au tresorier de l'Espargne de la somme de cinq cens livres pour icelle payer et bailler aux freres mynymes pour le reste de leur pension de ceste presente année. (154. — fol. 35 v°.)

155. Saint-Just, 21 décembre. — Pour Jehan Grossi l'office d'huissier de la court de Parlement à Dijon, nouvellement crée et erigée. (155. — fol. 36.)

156. Saint-Just, 21 décembre. — Pour Jehan Noblet l'office de clerc des comptes à Dijon, à la survivance de luy et de Nicolas Noblet, son pere. (156. — fol. 36.)

157. Saint-Just, 21 décembre. — Pour maistre Jehan Chanteau, conseillier et maistre des Comptes de Madame à Molins, continuacion de vi^{xx} livres de pension qu'il a cy devant acoustumé avoir et prendre du vivant de feu madame de Bourbon, laquelle pension lad. dame luy donne comme duchesse de Bourbonnoys. (162. — fol. 37.)

158. Saint-Just, 21 décembre. — Pour maistre Jaques Corvillier, aussi maistre des Comptes à Molins, autre pension de xxx livres comme l'autre precedente. (163. — fol. 37 v°.)

159. Saint-Just, 21 décembre. — Pour Jehan Cadier continuacion et confirmacion de son estat et office de tresorier de Bourbonnoys. (164. — fol. 37 v°.)

160. Saint-Just, 22 décembre. — Pour Jehan Cochon l'office d'esleu nouvellement erigée à Auxerre. (168. — fol. 38 v°.)

161. Saint-Just, 23 décembre. — Ordonnance par laquelle Madame a statué et ordonné que doresenavant il n'y aura que les chevaucheurs ordinaires de l'escurye tenans la poste du Roy qui tiennent chevaulx de postes et de courriers, moyenant que lesd. chevaulcheurs n'auront aucuns gaiges de la poste du Roy, si ce n'est à cause des traverses. (167. — fol. 38 v°.)

162. Lyon[1], 23 décembre. — Pour mons' d'Allençon don du droit de gabelle des greniers à sel establiz à Allençon, et chambre à sel d'Argentan, Verneul, Belesme, Chasteau-Gontier, la Flesche et chambres à sel nouvellement erigées deppendans desd. greniers, et par ses simples quictances. (170. — fol. 39.)

163. Saint-Just, 23 décembre. — La prebende de Nostre-Dame de Tallan pres Dijon, ou diocese de Landres (sic), pour maistre Guillaume Poüssot, vaccant par la resignacion de Esme Vadot. (171. — fol. 39.)

164. Saint-Just, 27 décembre. — Pour mons' le conte de Guyse don du droit de gabelle des greniers à sel establiz à Joinville, Guyse, la Ferté-Bénard et Maixne-la-Juhez, ensemble des amendes et confiscacions qui escherront durant ceste presente année commençant le premier jour d'octobre derrenier passé, et par les simples quictances dud. conte de Guyse. (173. — fol. 39 v°.)

165. Lyon, 28 décembre. — Ordonnance en papier au receveur general d'Apestigny pour payer et bailler à Estienne du Lac, escuyer des dames de Navarre, la somme de iii° escuz sur la pension qu'il leur est deue, et ce ce pendent qu'il leur en soit autrement pourveu. (169. — fol. 38 v°.)

166. Saint-Just, 28 décembre. — Pour Estienne de Fleury l'office d'esleu nouvellement erigée en l'ellection de Sens. (174. — fol. 39 v°.)

167. Saint-Just, 29 décembre. — Pour Françoys de la Vieuf-

1. *Corr.* Saint-Just.

ville, s^r de Conteville, don de l'office de cappitaine de Noyon, vaccant par le trespas de feu Jehan de la Vieufville, son frere. (131. — fol. 30.)

168. Saint-Just, 29 décembre. — Pour Jehan Payot continuacion de la commission à luy cy devant baillée par le Roy de recevoir les deniers provenans des souffrances et charges de quictance que maistre Guillaume Tertereau a charge de extraire en la Chambre des Comptes, et ce tant que led. Tertereau excercera lad. charge et commission, et par ses simples quictances contrerollées par icelluy Tertereau. (175. — fol. 39 v°.)

169. Saint-Just, 29 décembre. — Acquict à maistre Philibert Babou, tresorier de l'Espargne, de la somme de troys cens vingt deux livres dix solz tournoys ordonnée à maistre Gilles de Comeurcie, secretaire du Roy et de Madame, pour deux voyaiges qu'il a faitz, tant par le commandement du Roy que de Madame, depuis Bloys jusques en Avygnon, et retourné en Bretaigne. (190. — fol. 42 v°.)

170. Saint-Just, 31 décembre. — Pour Jacques de Fremary, s^r de Vaulx, sommelier d'eschançonnerie de bouche de Madame, l'office de cappitaine et chastellain de Sury-le-Boys, au pays et conté de Forestz, auquel lad. Dame n'avoyt encores pourveu. (176. — fol. 40.)

171. Saint-Just, [décembre?] — Permission à Ponçon Joubert de prendre et charger la quantité de xiii groz muy[s] de sel des salins de Pecaitz franchement et quictement, ou lieu de semblable quantité qu'il a baillée et fournie pour l'advitaillement de l'armée de Provence. (92. — fol. 22 v°.)

172. Saint-Just, [décembre?] — Acquict au receveur Pierre Potier, payeur des gaiges de la court de Parlement de Thoulouse, pour payer à maistre Anthoine Durant, conseillier en lad. court, ses gaiges et droitz aud. office appartenanz, durant le temps qu'il a esté absent de lad. court pour les affaires du Roy

durant ceste presente année, jusques à son retour. (93. — fol.
22 v°.)

173. Saint-Just, décembre. — Don expedié en forme de
chartre à mons^r le chancellier d'Alençon des chastellenies,
terres et seigneuries de Remy, Gournay et Moyenville, leurs
appartenances et deppendences, pour luy, ses hoirs, successeurs
et ayans cause, lesquelles appartenoient à mad. Dame par
l'hoirie et succession de feue Zuzanne de Bourbon, heritiere
universelle de la maison de Bourbon, et aussi de feue Marguerite de Bourbon, mere de mad. Dame, et par plusieurs autres
bons et loyaulx tiltres, causes, raisons et moyens. (96. — fol.
22 *bis* v°.)

174. Saint-Just, décembre. — Aultres lectres de chartre par
laquelle mad. Dame cedde et transporte à mond. s^r le chancellier d'Alençon, maistre Jehan Brinon, la faculté de povoir
recouvrer par rachapt, au nom d'elle ou autrement, comme bon
luy semblera, lesd. chastellenies, terres et seigneuries de Remy,
Gournay et Moyenville, de maistre Loys Courtin, auquel luy ont
esté par cy devant transpourtées par aucuns predecesseurs de
mad. Dame. (97. — fol. 23.)

175. Saint-Just, décembre. — Pour les habitants de Noves
en Provence don de foyres et marché, assavoir lad. foire une
foiz l'an, tenue le jour Sainct-Bausille, et led. marché toutes les
sepmaines, au mardy. (103. — fol. 24.)

Catalogue des actes de François Ier. T. I, n° 2105.

176. Saint-Just, décembre. — Admortissement pour les religieux mynimes du convent fondé ès faulxbourgs d'Amboyse,
de troys corps de maisons, cours, jardins et ruelles tenans et
aboutissans l'ung à l'autre, assises et situées ès faulxbourgz de
lad. ville, par Madame acquises de Nycollas Barbier, joingnant
d'ung cousté au jardin du convent desd. freres, d'autre à la
riviere de Loyre, et par elle baillées et aulmosnées ausd. religieux. (110. — fol. 26.)

177. Saint-Just, décembre. — Pour Jehan Girard, natif d'A-
vignon, marchant de Paris, lectres de naturalité et congié de
tester. (123. — fol. 28 v°.)

178. Saint-Just, décembre. — Pour Jehan Van Malle, tapissier ordinaire de Madame, natif de Brucelles, lectres de naturalité et congié de tester, en forme de chartre. (132. — fol. 30 v°.)

179. Décembre. — Pour Jehan Van Malle, tapissier de
Madame, natif de Brucelles en Brabant, lectre de naturalité
et congié de tester, en payant la finance moderée. (134. —
fol. 30 v°.)

180. Saint-Just, décembre. —Pour frere Pierre de Luys, chevalier de Sainct-Jehan de Jherusalem, grant prieur de France,
commandeur de la commanderie de Coulours, ou diocese de
Sens, deux foyres l'an oud. lieu de Coulours, l'une le XXIIII° fevrier, la seconde le XXVme jour de novembre, jour Saincte-Catherine, et aussi ung marché chascune sepmaine de l'an, laquelle
lectre est en forme de chartre. (140. — fol. 32.)

Catalogue des actes de François Ier. T. I, n° 2104.

181. Saint-Just, décembre. — Pour Françoys Pumas, natif
de Fossan en Piemond, marchant demeurant à Lyon, lectre de
naturalité et congié de tester, en payant la finance moderée
pour une foys. (158. — fol. 36 v°.)

182. Décembre. — Pour le village de Caumont en Agenoys
don de III foyres et marchez, assavoir lesd. foire[s] tenues, la premier[e], le derrenier jour de juillet; la seconde, le IIII° jour d'octobre; la tierce, le XXIIII° de fevrier; et le marché tous les sepmaines, au jour du lundy. (166. — fol. 38.)

JANVIER.

183. Saint-Just, 1er janvier. — Pour maistre Pierre Godeau
lectres de declaracion par lesquelles Madame, regente en France,

3

en vertu de son povoir, veult et entend qu'il joysse de l'office de maistre des Comptes à Dijon dont elle l'a pourveu par la nouvelle creacion et erection faicte par le Roy, à telz et semblables droitz que les ont et prennent les autres maistres des Comptes anciens, sauf et reservé que led. Godeau ne prandra aucun droit sur les n° l. que les d. anciens maistres des Comptes ont acoustumé partir entre eulx toutes et quantesfoys que les estatz sont tenuz oud. pays de Bourgongne, mais les aura et prandra tant sur le .... des comptes de lad. Chambre des Comptes, amendes que autres deniers; oultre veult et entend que, l'un desd. offices des maistres des Comptes anciens aud. Dijon vaccant, que led. Godeau en soit pourveu, et non autre. (191. — fol. 43.)

184. Saint-Just, 2 janvier. — Pour Alexandre Thibault, marchant, demeurant à Paray-le-Monyal, traicte de la quantité de troys cens muytz de blé, de tous grains, pour iceulx charger et enlever des pays de Bourbonnoys, Charroloys et Rouennoys, et iceulx mener à Nevers, Orleans et ès envyrons. (177. — fol. 40.)

185. Saint-Just, 2 janvier. — Main-levée à frere Anthoine d'Augecant, abbe d'Yssoyre, du temporel, maisons et places d'icelle abbaye. (178. — fol. 40 v°.)

186. Saint-Just, 2 janvier. — Aud. frere Anthoine d'Augecant, abbe d'Issoyre, surceance de faire le serment de fidelité pour raison du temporel de lad. abbaye jusques à... (179. — fol. 40 v°.)

187. Saint-Just, 2 janvier. — Placet pour executer les bulles de lad. abbaye et en prandre possession. (180.— fol. 40 v°.)

188. Saint-Just, 2 janvier. — Commission adressant aux generaulx de la justice des aydes à Montpellier, juge et vyguier de Nerbonne, pour eulx informer sur le contenu en une requeste presentée par le fermier de l'equivallence du diocese de Nerbonne. (181. — fol. 41.)

189. Saint-Just, 2 janvier. — Pour maistre Jaques Lamyre la

prebende de Sainct-Vulfran d'Abbeville, par le trespas de maistre
Jehan Triboulet. (182. — fol. 41.)

190. Saint-Just, 3 janvier. — Pour Jehanne de Thalaru,
vesve de feu messire Hugues de Villelaure, relaxacion de l'em-
prisonnement ouquel elle avoit esté condampnée par maistres
Jaques Myent et Berthelemy Robin, avec main-levée de tous
ses biens, qui avoyent esté saisiz et mis en la main du Roy. (185.
— fol. 41 v°.)

191. Saint-Just, 3 janvier. — Pour Michel de l'Estre, fermier du portage des vins qui se deschargent en la ville de Troyes
pour ung an, commancement (*sic*) le jour et feste Saincte-Croix
en septembre mil cinq cens vingt troys, rabaitz et moderacion de lad. ferme de la somme de cinq cens livres, à cause
de la perte qu'il y a faicte au moyen du grant feu de lad. ville.
(186. — fol. 41 v°.)

192. Saint-Just, 3 janvier. — Pour Guillemyn Ferret don
de l'office de huissier de la court de Parlement de Dijon, du
nombre des deux nouvellement creez et erigez. (187. — fol. 42.)

193. Saint-Just, 4 janvier. — Pour Nicolas de Coquivillier
presentacion à l'arcevesque de Rouen de la cure de Sainct-Lubin
de Lindebeuf, diocese de Rouen, vaccant par le trespas de feu
maistre Thomas Masse, appartenant lad. presentacion au Roy
par droit de garde des myneurs du feu s^r de Baqueville et de
Lindebeuf. (193. — fol. 43 v°.)

194. Saint-Just, 4 janvier. — Autre presentacion à l'arcevesque de Rouen, pour Guillaume Fontaines, de la cure de Sainct-
Leonard de la Vaupaliere, diocese de Rouen, vaccant par le
trespas dud. maistre Thomas Masse, appartenant lad. presentacion [au Roy] par droit de garde des myneurs dud. s^r de-
Baqueville et de la Vaupaliere. (194. — fol. 44.)

195. Saint-Just, 4 janvier. — Acquict au tresorier de l'Espargne pour faire paier par le receveur ordinaire de Chastella-

rault à Jaques de Fevrery, sommelier de bouche de Madame, la somme de LXXV l. sur les droiz de lotz et ventes des acquisitions faictes par Jehan de Puygarreau, dud. duché. (196. — fol. 44.)

196. Saint-Just, 4 janvier. —Declaracion par laquelle Madame, mere [du Roy], en vertu du povoir à elle donné par led. s^r, veult et declare que maistre Jaques Bohier, receveur et presteur des gaiges et droitz de la Chambre des Comptes, en joyssant des droitz à sond. office appartenans, paye les menuz necessitez et affaires de la Chambre du Conseil erigée en lad. Chambre des Comptes, nonobstant quelque commission que en pourroit avoir obtenu Jehan le Conte, laquelle mad. Dame, en vertu de sond. povoir, a revocquée, cassée et adnullée. (197. — fol. 44 v°.)

197. Saint-Just, 5 janvier. — Pour Guillaume le Fort l'office de sergent royal en la forest de Byere vaccant par le trespas de Jehan le Fort, son pere. (172. — fol. 39.)

198. Saint-Just, 5 janvier. — Pour Michel Dannes, marchant navarroys, permission et sauf-conduyt de tirer et enlever de Bretaigne, durant ung an, commançant le premier jour d'octobre prochain, telle quantité de ...... que bon luy semblera, et icelle mener au royaulme de Navarre. (188. — fol. 42.)

199. Saint-Just, 5 janvier. — Pour Anthoyne de Vivetz, esleu de Lyon, bail et delivrance de la valleur et revenu annuel des terres et seigneuries de Baulmes et Florac, qui furent jadis à Jehan de Poictiers, jusques à plain remboursement de la somme de VI^m II° XXV l. à luy deue par led. de Poictiers. (189. — fol. 42 v°.)

200. Saint-Just, 6 janvier. — Pour maistre Jehan de Coussegrey la prebende en la chappelle du chasteau Sainct-George de Bar sur Seyne, par la permutation que maistre Jaques de la Ferté en a fait avec luy à la chapelle de Sainct-Mathurin fundée en l'eglise parrochialle de Bar sur Seyne. (192. — fol. 43 v°.)

201. Saint-Just, 7 janvier. — Pour maistre Simon Prieur la

prebende de Sainct-Thomas du Louvre à Paris, par la permutacion de maistre Jaques Turpin à la cure de Nantueil pres Meaulx.
(195. — fol. 44.)

202. Saint-Just, 8 janvier. — Pour maistre Geoffroy du Puy
l'office de conseillier lay à Rouen, ouquel il a esté translaté par
le trespas de maistre Guillaume Maignart. (203. — fol. 45.)

203. Saint-Just, 9 janvier. — Declaracion par laquelle Madame, mere du Roy, a, en vertu du povoir à elle donné par led.
s', octroyé aux prevost des marchans et eschevyns de la ville de
Paris qu'ilz ayent, prengnent et lievent, par le receveur des deniers communs de lad. ville, l'ayde de huit solz parisis pour boeuf,
deux solz huit deniers tournoys pour vache, seize deniers pour
porc et huit deniers parisis pour veau, mouton et brebiz, lequel
ayde sera baillé à ferme publicquement par maistres Loys Seguier
et Jehan Prevost, conseillers de lâ court de Parlement, et ce jusques à plain remboursement de la somme de dix mil livres tournoys que lesd. prevost et eschevyns ont prestée au Roy, le tout
ainsi qu'il est plus à plain declaré en la verifficacion de mess^rs de la
court de Parlement à Paris. (198. — fol. 44 v°.)

204. Saint-Just, 9 janvier. — Continuacion aux religieux et
prieur du convent des Celestins de Lyon de l'aulmosne de c l. t.
par an, à iceulx avoir et prandre par les mains du tresorier de
l'Espargne, durant le temps et terme de dix ans, à commencer
le premier jour de ce present moys de janvier v° xxiiii, à la
charge de dire et celebrer leur messe par chascun jour à l'in-
tencion du Roy. (199. — fol. 44 *bis* v°.)

205. Saint-Just, 9 janvier. — Pour maistre Jehan Morin l'office de conseiller clerc à Rouen par la translacion de maistre
Geoffroy du Puy en l'office de conseiller lay en lad. court de Parlement à Rouen. (200. — fol. 44 *bis* v°.)

206. Saint-Just, 9 janvier. — Acquict adressant au tresorier
de l'Espargne pour faire payer par le receveur ordinaire d'Ostun

à maistre Denis Poulliot la somme de troys cens livres tournoys par chascun an, des deniers procedans de la virye, à icelle somme prandre depuis le premier jour de janvier mil v° xxiii et doresenavant par chascun an. (201. — fol. 45.)

207. Saint-Just, 10 janvier. — Declaracion par laquelle Madame, mere du Roy, regente en France, a, en vertu de son povoir, declaré et ordonné que par le general de Languedoc, visiteur des gabelles dud. pays et autres qu'il appartiendra, sera mis à pris le sel qui se tyre contremont les rivieres du Rosne et de la Saonne, ainsi qu'il est accordé à Pierre Revrard[1], fermier du tyraige du sel qui se fait contremont lesd. rivieres, de la part du royaulme, par le xviime article du bail à luy fait de lad. ferme inseré en lad. declaracion. (204. — fol. 45 v°.)

208. Saint-Just, 10 janvier. — Declaracion par laquelle Madame, mere du Roy, regente en France, en vertu de son povoir, veult et declare que la moictié des amendes, confiscations de biens et autres choses qui ystront et viendront des delinquans ou fait du tyraige, sera baillée à Pierre Bernard, fermier du tyraige du sel qui se fait contremont les rivieres du Rosne et de la Saonne, de la part du royaulme, pour le recompenser des fraiz et gaiges qu'il luy convient faire pour raison dud. tyraige et gaiges d'un prevost des mareschaulx, quatre archiers et ung procureur, pour faire la poursuicte desd. amendes et pilleryes qui se font chascun jour sur led. sel de tyraige. (205. — fol. 45 v°.)

209. Saint-Just, 10 janvier. — Erection de l'office de prevost des mareschaulx, quatre archers et ung procureur pour poursuyvre, pugnir et corriger les malefacteurs et delinquans qui se trouveront, sur le fait du tyraige du sel, vivres, municions et equipaiges, avoir prins et desrobé sur le fermier dud. tyraige qui se fait contremont les rivieres de Rosne et de la Saonne, auquel prevost est donné jurisdicion pour ce estendue depuis les sallins

1. *Corr.* Bernard.

de Pecays, la Vernette et Nostre-Dame de la Mer, où les charge-
mens dud. tyraige se font et feront, jusques et le long des lieux
et lymites dud. tyraige et où le seel d'icelluy tyraige, tant d'une
part que d'autre, a acoustumé avoir cours. (2C6. — fol. 46.)

210. Saint-Just, 10 janvier. — Commission au juge maige
en la seneschaucée de Beaucaire et de Nysmes pour se informer sur les pertes, domaiges et interestz qui luy seront declarez
de la part de Pierre Bernard, [et] luy seront baillez par declaracion et intendit, se mestier est; et l'informacion sur ce faicte et
l'advis du procureur du Roy et des general et visiteur de gabelles
de Languedoc, renvoyer cloz et scellez devers le Roy et son Conseil, pour, icelle veue, ordonner aud. fermier ce qu'il appartiendra
par raison. (207. — fol. 46 v°.)

211. Saint-Just, 10 janvier. — Commission au juge maige
en la seneschaucée de Beaucaire et Nysmes pour se informer
sur les exactions, abbuz et malversacions faictes ès peages par
les peageurs, rentiers et fermiers d'iceulx, et de la maniere qu'ilz
les ont levez et exigez, et depuis quel temps, et tous autres cas
qui luy seront baillez de la partye de Pierre Bernard, et lad. informacion faicte, icelle renvoyer par devers le Roy et son Conseil pour y estre ordonné comme de raison. (208. — fol. 46 v°.)

212. Saint-Just, 10 janvier. — Declaration par laquelle Madame, mere du Roy, regente en France, en vertu de son povoir,
veult et entend que nulles personnes subjectz du Roy, de quelque
estat, qualité, auctorité ou condicion qu'il[s] soient, ne pourront
prandre aucune congnoissance, court et jurisdicion des gabelles
fait en matiere des tyraiges de sel qui se font contremont les rivieres du Rosne et de la Saonne, fors et reservé le visiteur des
gabelles, auquel la jurisdicion et congnoissance en appartient
d'ancienneté. (209. — fol. 47.)

213. Saint-Just, 10 janvier. — Evocation au Grant Conseil de
la cause qui est pendant [par devers] les generaulx de la justice
des aydes en Languedoc, entre Pierre Bernard, fermier du ty-

raige qui se fait contremont les rivieres du Rosne et de la Saonne, à la part du royaulme, et Achilles de Combes et Pierre Mayault et le grenetier du Pont-Sainct-Esprit, pour raison du treptyet de sel que led. de Combes et Mayault ont fait durant qu'ilz ont esté fermiers dud. tyraige. (210. — fol. 47.)

214. Saint-Just, 10 janvier. — Evocation au Grant Conseil de la cause qui est pendant par devers les generaulx de la justice des aydes à Montpellier entre Pierre Bernard, fermier du tyraige qui se fait contremont les rivieres du Rosne et de la Saonne, et le procureur de Viveroys, pour le fait de la reformacion des mesures du sel qui se vent à Tournon. (211.— fol. 47 v°.)

215. Saint-Just, 10 janvier. — Commission au juge maige en la seneschaucée de Beaucaire et de Nysmes pour se informer sur le grief et domaige que Pierre Bernard, fermier du tyraige du sel qui se fait contremont les rivieres du Rosne et de la Saonne, dit avoir eu de la somme de iiii° iiii ˣˣ x l. x d. t. pour raison et à cause que le general des finances de Languedoc et visiteur des gabelles dud. pays n'ont fait le taux et pris dud. sel vendu et distribué, à lad. part du royaulme, pour le droit de quinze livres tournoys pour muy de creue nagueres mis et imposé par le Roy oultre et par dessus la gabelle ordinaire sur le fait dud. tyraige, que au feur et raison de vingt sept solz troys deniers tournoys sur chascune sommée, faisant compte par erreur ou autrement que chascun muy de sel tyré et vendu et deschargé à Tournon, à lad. part du royaulme, devoit rendre unze sommées de sel, ce qu'il n'a peu faire. (212. — fol. 47 v°.)

216. Saint-Just, 10 janvier. — Declaracion par laquelle Madame, mere du Roy, regente en France, en vertu de son povoir, regence et auctorité, declare et entend que Pierre Bernard, fermier du tyraige du sel qui se tyre contremont les rivieres du Rosne et de la Saonne, aura et tyrera la quantité de quatre vingts dix huit muys de sel, c'est assavoir soixante seize muys de sel pour la recompense de deux années qu'il a esté fermier

dud. tyraige, deux muytz pour les sallaisons dud. tyraige desd.
deux années, et vingt muys sel à luy permis, par le bail à luy
fait, tyrer franchement et quictement pour une foys. (213. —
fol. 48.)

217. Saint-Just, 10 janvier. — Semblable commission a esté
depeschée à Ponçon Joubert, fermier du tyraige de sel, pour ung
prevost de mareschaulx, quatre archiers et ung procureur du
Roy, pour la part du Daulphiné, ensemble le don des amendes
pour le payement d'iceulx. (240. — fol. 54.)

218. Saint-Just, 11 janvier. — Pour Henry Clutin presentacion à la chapelle Saincte-Marguerite, au lieu d'Estageul, vaccant
par le trespas de feu maistre Philippes Julian, à cause de garde
de mineurs. (226. — fol. 51.)

219. Saint-Just, 11 janvier. — Pour maistre Gilles de Laye
presentacion à la cure de Sainct-Pierre d'Estageul, vaccant par le
trespas dud. Philippes Julian, à la dessusd. (227. — fol. 51.)

220. 12 janvier. — Surceance aux religieuses prieur et convent
du prieuré de la Veue pres Maringues de payer la somme de vii^{xx}
xv l. xvii s. t. en laquelle ilz ont esté cotisez pour leur part et porcion à l'ayde et subvencion demandé par le Roy aux gens d'eglise,
jusques au bon voulloir et plaisir dud. s^r. (214. — fol. 48 v°.)

221. Saint-Just, 12 janvier. — Pour maistre Loys Acarie
don de l'office d'esleu ordinaire d'Orleans nouvellement creé et
erigé oultre le nombre de troys qui y est. (217. — fol. 49.)

222. Saint-Just, 13 janvier. — Pour maistre Jehan Ravert,
notaire et secretaire du Roy, don de l'office de greffier du Grant
Conseil, vaccant par la pure et simple resignacion que en a
faicte à son proffit maistre Jehan Bourdel, par son procureur,
quant à ce souffisamment fondé. (216. — fol. 49.)

223. Saint-Just, 13 janvier. — Pour maistre Jean Laumosnier
le magistrat et administracion de la malladerie et aumosnerie de

Saincte-Magdelaine de Basse, vaccant par le trespas de Jehan
du Moustier. (243. — fol. 55.)

224. Saint-Just, 15 janvier. — Pour mons^r de Vendosme don
du revenu, prouffit et emolument du grenier à sel de Vendosme,
amendes et confiscations d'icelluy, pour l'année presente, commençant le premier jour d'octobre derrenier passé. (220. — fol.
49 v°.)

225. Saint-Just, 15 janvier. — Pour madame la duchesse
douairiere de Vendosme le revenu, prouffit et emolument des greniers à sel de Charrolles, Parey-le-Monyer et Mont-Sainct-Vincent,
et chambre à sel d'iceulx, ensemble amendes et confiscations,
pour la presente année commençant le premier jour d'octobre
derrenier passé. (221. — fol. 50.)

226. Saint-Just, 15 janvier. — Don à mons^r le cardinal de
Bourbon, evesque du Mans, de tous les fruictz, deniers et revenuz dud. evesché escheuz depuis la vaccacion d'icelluy, par le
trespas du feu cardinal de Luxembourg, jusques au jour de la
reception et possession prinse par nostred. cousin dud. evesché.
(222. — fol. 50.)

227. Saint-Just, 15 janvier. — Don à mond. s^r le cardinal de
la somme de xii^c l. t. à laquelle il a esté coctisé pour sa part du
subside demandé par le Roy aux gens d'eglise de son royaulme.
(223. — fol. 50.)

228. Saint-Just, 15 janvier. — Permission et octroy à maistre
Jehan Deymier, par cy devant pourveu par le Roy de l'estat et
office de conseillier clerc en la court de Parlement à Thoulouse,
qu'il puisse et luy loyse tenir et posseder led. office nonobstant
son mariaige fait ou à faire, et jusques à ce que par led. s^r soit
pourveu d'un office de conseillier lay, nonobstant aussi l'ordonnance de lad. court, à laquelle Madame, regente en France, a
desrogué et desrogue pour ceste foys, en vertu de son povoir,
regence et auctorité à elle baillez par le Roy. (224. — fol. 50 v°.)

229. Saint-Just, 15 janvier. — Pour Anthoine de Fromant commission de la cappitainerie d'Ahu ou pays de la Marche, que tenoit Françoys de Tausannes, lequel est de present avec messire Charles de Bourbon, pour la tenir et excercer soubz la main du Roy jusques à ce que autrement en soit par led. s^r [ordonné], à prendre les gaiges et droitz aud. office appartenans du jour du saisissement dud. conté de la Marche en la main dud. s^r. (229. — fol. 51 v°.)

230. Saint-Just, 15 janvier. — Pour Jehan Texier, marchant de Nyvernoys, permission de mener en la ville de Nevers la quantité de trente muys de blé, à les prendre au pays de Nyvernoys. (235. — fol. 53.)

231. Saint-Just, 17 janvier. — Acquict adressant au tresorier de l'Espargne pour faire payer par le viconte et receveur ordinaire d'Arques à madame de Nevers, et sur ce qu'il pourra devoir tant de l'année finie à la Sainct-Michel v^c xxiiii que de l'année presente finissant semblable jour v^c xxv, la somme de ii^c escuz dont Madame fait don à elle et son filz. (225. — fol. 50 v°.)

232. Saint-Just, 18 janvier. — Acquit à maistre Philibert Babou, tresorier de l'Espargne, pour bailler et delivrer aux personnes et pour les causes contenues en ung roole de parchemyn signé de la main de Madame, mere du Roy, attaché aud. acquict, les parties et sommes contenues en icelluy, montans à la somme de cinq cens soixante huit livres quatorze solz tournoys, distribuée par l'ordonnance de mad. Dame durant les moys d'octobre et novembre. (228. — fol. 51.)

233. Saint-Just, 18 janvier. — Continuacion à mons^r de Precy du don et bienfait à luy par cy devant octroyé par le Roy de iiii^m l. t. durant le temps et terme de dix ans pour luy ayder à supporter les grans fraiz, mises et despences qu'il luy convient faire à l'exercice de l'office de grant maistre enquesteur et general refformateur des eaues et forestz, pour autres dix ans commançans au jour de l'expiracion des lectres dud. s^r, à lad. somme avoir et prendre par les mains du tresorier de l'Espargne. (230. — fol. 52.)

234. Saint-Just, 19 janvier. — Pour maistre André de Laval, doyen de la Saincte-Chappelle de Dijon, l'office de conseillier lay, du nombre des quatre nouvellement creez, vaccant par la translation de maistre Lazare de Monthelon en l'office de conseillier lay ancien, vacqué par le trespas de maistre Jehan le Blond. (231. — fol. 52.)

235. Saint-Just, 19 janvier. — Pour maistre Jehan Baillet don de la prebende de Sainct-Quentin vaccant par le trespas de feu maistre Jehan Maçon. (236. — fol. 53.)

236. Saint-Just, 20 janvier. — Pour Anthoine de Croset permission de faire mener et conduyre des pays d'Auvergne et Forestz la quantité de mille septiers de blé tant ès villes de Paris, Orleans, Bloys, Tours que ès environs, pour là les faire vendre et ademerer. (232. — fol. 52 v°.)

237. Saint-Just, 20 janvier. — Pour Marie de Rostaing permission et octroy de povoir, sa vie durant, [de] faire entrer par chascun an en la ville de Lyon, tant par les portz de seneschaucée de Lyon et de Mascon que autres portz de ce royaume, jusques au nombre de deux cens balles d'espiceries et drogues, et que sur icelles elle puisse prendre tel prouffit que sond. mary et elle avoient acoustumé y prendre. (233. — fol. 52 v°.)

238. Saint-Just, 23 janvier. — Pour maistre Pierre Vermont la chanterie de Sainct-Quiriace de Provins, par la resignacion de maistre Jehan Baillet. (234. — fol. 53.)

239. Saint-Just, 25 janvier. — Acquict à mons^r le tresorier Babou pour par le tresorier et commis au payement des gaiges des officiers du Grant Conseil et des deniers provenans de l'amende en laquelle a esté condamné le s^r de Luce, faire paier à Madame de Gyvry la somme de cinq mille livres. (237. — fol. 53 v°.)

240. Saint-Just, 25 janvier. — Pour mons^r d'Aleigre permission de tirer et enlever de ses maisons d'Auvergne la quantité de deux mille septiers de blé et iceulx faire mener à Orleans, Bloys, Paris et autres lieux de ce royaulme. (238. — fol. 53 v°.)

241. Saint-Just, 27 janvier. — Pour Pierre et Anthoine Benevant, marchans de Sainct-Galmyer en Forest, traicté pour tirer du pays de Forestz le nombre et quantité de cinq cens septiers de blé et iceulx mener en Nyvernoys et autres pays circunvoysins. (239. — fol. 54.)

242. Saint-Just, 28 janvier. — Declaracion par laquelle Madame, regente en France, en vertu du povoir, regence et auctorité à elle baillez par le Roy, veult et declare que la somme de VIII^xx l. p. pour les gaiges de gouverneur et bailly de Valloys, LX l. p. pour l'esmolument du greffier, et IIII^xx l. p. de pension payez à feu mons^r le grant-maistre Arthus Gouffier par le receveur ordinaire de Valloys, durant les années mil v° xv, xvi et xvii que led. Gouffier a tenu et exercé led. office, et ce nonobstant qu'il n'eust obtenu lectres de confirmacion. dud office au nouvel advenement du Roy à la couronne... (241. — fol. 54.)

243. Saint-Just, 28 janvier. — Acquict au tresorier de l'Espargne pour bailler et delivrer à mons^r le chancellier la somme de XVI^m l. t. faisant le parfait de la somme de XX^m, dont il a receu VI^m pour son remboursement de pareille somme qu'il a prestée au Roy. (242. — fol. 54 v°.)

244. Saint-Just, 29 janvier. — Lectres patentes par lesquelles est mandé aux gens du Grant Conseil du Roy nostre sire de congnoistre et decider du procès qui est pendant pour raison et à cause de l'evesché de Condon, led. procès renvoyé par mons^r le chancellier ausd. gens du Grant Conseil. (244. — fol. 55.)

245. Saint-Just, 30 janvier. — Acquict adressant au tresorier de l'Espargne pour faire payer par le viconte et receveur ordinaire de Coustances à Marin Fritot, sommellier d'eschançonnerie de Madame, la somme de LX l. t., à icelle prendre des deniers provenans du droit de XIIIe du fief des Espesses, seant à Montservant, en lad. viconté, vendu par Pierre de Percy, de laquelle somme mad. Dame luy fait don. (254. — fol. 57.)

246. Saint-Just, 31 janvier. — Declaracion par laquelle Madame, en vertu de son povoir, declare (*sic*) joysse et use du droit de garde tant des personnes dés enffans du feu duc de Longueville, suyvant la garde noble qui luy en a cy devant esté octroyée par le Roy. (245. — fol. 55.)

247. Saint-Just, 31 janvier. — Declaracion adressant au tresorier de l'Espargne pour faire payer et bailler à madame de Longueville la somme de cinq cens livres sur le revenu de la prevosté de Buzy et Sainct-Gengoul, par les mains des receveurs ordinaires de Mascon et de Challon, lesquelz, auparavant l'ordonnance derreniere sur le fait des finances, elle voulloit avoir et prendre par descharges. (262. — fol. 58 v°.)

248. Saint-Just, 31 janvier. — Subrogacion à Jehan de Longueul pour retirer de maistre Jehan Thumery le droit de la haulte justice de Challeau, à luy cy devant vendue par les commissaires ordonnez sur le fait de l'engagement du domaine la somme de c l. t., en luy payant par led. Longueul lad. somme de c l. t. avec ses fraiz et loyaulx coustemens, et baillant et fournissant en oultre pour le Roy la somme d'autres c l.t. (275. — fol. 61 v°.)

249. Saint-Just, 31 janvier. — Don à madame de Longueville de tous et chascuns les droiz de rachaptz, contrerachaptz, quins, requins, deniers de prouffit de fief, chevaulx traversans et autres droiz et devoirs seigneuriaulx deuz et escheuz au Roy par le trespas du feu duc de Longueville, son filz, derrenier decedé, à cause des principaulté de Chastellaillon, tenue dud. s^r à cause de la coronne; viconté de Melun et seigneurie de Blandy, tenuz du chastel dud. Melun; viconté d'Abbeville, du

Crotoy, seigneuries de Noyelles, Noyellete, Pontelle, Hiermont et Conteville, tenues de son conté de Ponthieu; la baronnye de la Brosse, tenue de la conté et tour de Chartres; la moytié des baronnyes de Hedinguel, seigneuries de Tingry et Huguellieres, tenues du conté de Boullongne sur la mer; seigneuries de Bruyeres, Vuabam et Vuailly, tenues de Monstreul; la seigneurie de Sainct-Vast, tenue du chastel de Hesdin; la seigneurie de Chastel-Chinon, Lorme et leur appartenances, tenues de Sainct-Pierre le Moustier. (294. — fol. 66.)

250. Saint-Just, 31 janvier. — Neuf lectres de souffrance de faire les foy et hommaige des seigneuries dessusd. (295. — fol. 66 v°.)

251. Saint-Just, 31 janvier. — Don à mad. dame de Longueville[de]tous et chascuns les droitz de rachaptz, quints et requints, deniers de prouffit de fief et autres droitz et devoirs seigneuriaulx escheuz par le trespas de feu Claude d'Orleans, son filz, duc de Longueville, à cause de la terre et seigneurie de Loigny, ses appartenances et deppendances, tenue de l'evesché de Chartres pour raison de la baronnye de Pontgoyn, parce que de present est la regalle ouverte oud. evesché. (296. — fol. 67.)

252. Saint-Just, janvier. — Creation d'une foyre le premier jour de may, chascun an, et du marché chascun jour de mercredy, au lieu de Rochegonde, oultre une foyre qui y est par cy devant le jour Saincte-Catherine, à la requeste de Jaques de l'Astre, sʳ dud. lieu. (218. — fol. 49 v°.)

253. Saint-Just, janvier. — Creation de troys foyres l'an et d'un marché chascun jour de vendredy au lieu et ville de Loriol, ou pays de Valentinoys, c'est assavoir, la premiere, le jour Sainct-Ambroise, IIIᵐᵉ jour d'avril; la deuxiesme, le XVIᵐᵉ jour d'aoust, et la tierce, le jour Sainct-Restitut, IIIᵐᵉ de novembre. (219. — fol. 49 v°.)

Catalogue des actes de François Iᵉʳ. T. ɪ, n° 2112.

FÉVRIER.

254. Saint-Just, 2 février. — Mandement à mess^{rs} des Comptes, tresoriers de France et generaulx des finances, pour faire payer à maistre Symon Resie, notaire et secretaire du Roy, les gaiges de six solz parisis par jour aud. office de notaire appartenant, et dix livres parisis par an pour droit de manteaulx, à iceulx avoir et prendre du jour de son institucion oud. office, par les mains du changeur du tresor, receveurs generaulx desd. finances, tresoriers des guerres, commis à l'extraordinaire desd. guerres ou receveurs particuliers, grenetiers et fermiers desd. finances. (247. — fol. 56.)

255. Saint-Just, 2 février. — Commission à Guyot de Monstreulx et ... de la Mothe, cappitaine d'Issouldun, au gouvernement des seigneuries de Chastelles et Ranseac qui furent et appartindrent à Françoys de Tausannes, lequel s'est retiré avecques les ennemys du Roy, et ce jusques à ce que par led. s^r autrement en soit ordonné. (249. — fol. 56 v°.)

256. Saint-Just, 3 février. — Pour Loys de la Rambaudiere place de religieux lay en l'abbaye d'Aynay lez Lion. (248. — fol. 56 .)

257. Saint-Just, 4 février. — A Jehan le Danoys l'office d'esleu de Fallaize, par la resignation de Jehan le Petit. (257. — fol. 57 v°.)

258. Saint-Just, 5 février. — Serment de fidelité fait ès mains de Madame par frere Herard de Goursolles, evesque de Condon, qu'il estoit tenu faire au Roy à cause du temporel dud. evesché. (250. — fol. 56 v°.)

259. Saint-Just, 5 février. — Pour Pierre d'Ayncourt, pouvre homme de guerre, place de religieux lay en l'abbaye de Sainct-Julien de Tours. (251. — fol. 56 v°.)

260. Saint-Just, 5 février. — Surceance à mesdames de Nevers et de Lautrec de faire la foy et hommage[s] du conté du Rhe-
teloys, à elles advenue par la succession du s^r d'Orval, leur pere,
et aussi d'en bailler le denombrement et adveu dedens ung an à
compter de la date des presentes. (252. — fol. 57.)

261. Saint-Just, 5 février. — Pour maistre Anthoine Per-
thuys, chappellain en la chappelle de Madame, la cure et grant
portion de Sainct-Pierre ou Sainct-Leonard de Bacqueville, par
le trespas de feu maistre Laurens l'Enffant. (312. — fol. 70.)

262. Saint-Just, 6 février. — Permission à maistre Guillaume Marllet de tenir et exercer, soubz la main du Roy, l'office
de chastellain du conté de Montpencier jusques à ce que autrement en soit ordonné par le Roy. (253. — fol. 57 v°.)

263. Saint-Just, 6 février. — Traicte de vin franche et quicte
pour mons^r de Lorraine de deux cens pipes de vin, oultre le
nombre qu'il en a cy devant tiré par autre permission de Madame.
(256. — fol. 57 v°.)

264. Saint-Just, 7 février. — Pour maistre Jehan Villayne,
chappellain en la chappelle de Madame, la cure de Sainct-Michel
de Brevedent et la chappelle Sainct-Gabriel, annexée à lad. cure,
par le trespas de maistre Thomas le Chien, vaccant à cause de
litige. (311. — fol. 70.)

265. Saint-Just, 8 février. — Lectre de garde des enfans
myneurs d'ans de feu Parisy Bellehaye, en son vivant s^r d'un
quart de fief appellé Roville et Heronville, assis et scitué ès
pays et duché de Normandye, baillée à Loyse Mareuze, vefve
dud. deffunt et mere desd. enfans. (258. — fol. 58.)

266. Saint-Just, 8 février. — Pour maistre Guillaume Veyrun,
natif du lieu de Sainct-Palais, ou royaulme de Navarre, congié
de tenir beneffices en ce royaulme jusques à la somme... (259.
— fol. 58.)

267. Saint-Just, 9 février. — Main-levée des biens du s^r de

4

Santal, mise en iceulx à la requeste du procureur du Roy.
(260. — fol. 58 v°.)

268. Saint-Just, 10 février. — Commission à maistre Charles
Luillier pour recevoir tous et chascuns les deniers qui seront
trouvez revenans bons au Roy en Bretaigne, tant par vertu des
commissions qui ont esté despeschées aux vis-chancellier et
vis-admiral de Bretaigne et autres, que par vertu des sauf-con-
duictz qui se pourront bailler cy après pour tirer vin, sel et
toilles de Bretaigne et Anjou, et d'iceulx deniers tenir et rendre
compte à maistre Pierre d'Apestegny, receveur general des finances extraordinaires et parties casuelles dud. sr.

Nota que la commission pour avoir le double des comptes de
maistre Michel Menant a esté reffaicte, laquelle avoit esté cy devant despeschée, mais elle fut rompue par inconvenient. (263.
— fol.59.)

269. Saint-Just, 10 février. — Commission à maistre Jehan Bri-
çonnet, vis-chancellier de Bretaigne, Jehan Vaillant, conseiller
ou Grant Conseil, Pierre de Bidoux, sr de Lartigue, vis-admiral de Bretaigne, et Guillaume Berthelemy, contreroleur des
finances dud. pais, et aux deux ou troys d'eux, en l'absence
des autres, pour faire rendre compte à l'heritier soubz beneffice
d'inventoire du feu tresorier general de Bretaigne, Jehan de
Lespinay, et à tous ceulx qui ont receu aucuns deniers de luy,
par leurs recongnoissances et cedulles, et faire mectre ès mains
de maistre Charles Luillier tous les deniers qui serónt trouvez
revenans bons au Roy, pour en tenir compte à maistre Pierre
d'Apestegny, receveur general. (264. — fol. 59 v°.)

270. Saint-Just, 11 février. — Pour monsr de Florenges don
du grenier à sel de Chasteau-Thierry et chambre à sel d'i-
celluy, pour les années commançans le premier jour d'octobre v° xxiii et finissant le derrenier de septembre v° xxiiii, et
l'année commençant le premier jour d'octobre v° xxiiii et finissant le premier septembre l'an v°xxv. (265. — fol. 59 v°.)

271. Saint-Just, 11 février. — Acquict à maistre Jehan Fabry, receveur ordinaire du pays de Vivaroys, pour payer aux marchans de Privas qui ont presté argent au Roy les arreraiges des penssions qui sont escheues depuis led. prest faict, et doresenavant leur continuer par chascun an lesd. penssions jusques à leur remboursement dud. prest, selon les contractz qui en ont esté passez avec led. s^r. (266. — fol. 60.)

272. Saint-Just, 12 février. — Pour Robert et Guillaume Nazy, marchans fleurentins, demourans à Lyon, et autres leurs compagnons, surceance jusques à six moys prochains venans, à commancer du jour de l'expiracion d'autre surceance à eulx octroyé par le Roy, de ne payer les sommes par eulx emprunctées et dont ilz ont subvenu et aydé au Roy pour ses urgens affaires. (267. — fol. 60.)

273. Saint-Just, 12 février. — Lectres addressans à mess^rs des Comptes pour allouer ès comptes de mons^r le tresorier Babou la somme de quarante quatre mil livres tournoys qu'il a mise ès mains, en plusieurs et diverses foys, de maistre Guillaume Aude, commis par le Roy, soubz maistre Jaques de Beaune le Jeune, au payement des gaiges, argenterie et chambre aux deniers de mons^r le Daulphin et ses freres, pour emploier ou fait de sad. commission. (268. — fol. 60 v°.)

274. Saint-Just, 12 février. — Pour les freres prescheurs de Marsaille permission de faire conduyre du pays de Daulphiné ou autre que bon leur semblera, par les rivieres du Rosne, l'Izere et Durance, ung radeau de boys pour la redifficacion de leur convent, sans paier aucune chose. (269. — fol. 60 v°.)

275. Saint-Just, 13 février. — Pour mons^r d'Albanye don des droiz de rachaptz, quint, demy quint, de relief, de chambellaige et autres droiz et devoirs seigneuriaulx deuz et escheuz au Roy par le trespas de feue dame Anne de Boullongne, femme dud. s^r d'Albanye, pour raison des terres et seigneuries de Hennecourt, Brioz et Ressons sur le Mas. (270. — fol. 61.)

276. Saint-Just, 13 février. — Souffrance de faire les foy et hommaige et ballier adveu et denombrement desd. terres et seigneuries jusques à ung an à compter du jour et date desd. lectres. (271.— fol. 61.)

277. Lyon, 14 février. — Pour Lucas Viguier l'office de huissier ordinaire en la court de Parlement de Thoulouse, du nombre des troys puis nagueres crées et erigées. (273. — fol. 61 v°.)

278. Lyon, 14 février. — Pour Guillaume Garnier don de l'office de greffier fiscal, criminel et patrimonial de la court de Parlement de Bourgoigne, vaccant par la pure et simple resignacion que en a faicte à son proffit Françoys Roux, par son procureur souffisamment fondé. (274. — fol 61 v°.)

279. Saint-Just, 15 février. — Pour maistre Denys de Bosco la prebende de Sainct-Nicolas de la Prée, ou dyocese d'Autun, par la resignacion de Blanchet de Bordelles, à cause de permutation avec la chappelle de Saincte-Croix en l'eglise parrochial de Chalemoulx, oud. diocese. (276. — fol. 62.)

280. Saint-Just, 15 février. — Pour maistre Françoys Marendet presentacion à la cure d'Auffreville-la-Champaigne, ou diocese de Lizieux, par le trespas de feu maistre Charles de Sainct-Pierre, comme garde minorum. (277. — fol. 62 v°.)

281. Saint-Just, 16 février. — Pour Denis Regnault l'office de greffier des esleuz de Caen, vaccant par le trespas de feu Germain Meassant. (303. — fol. 68 v°.)

282. Saint-Just, 16 février. — L'office de grenetier à sel estably à Caen, vaccant par le trespas de feu Germain Meassant, pour maistre Pierre du Val. (304. — fol. 68 v°.)

283. Saint-Just, 17 février. — Pour maistre Jehan Sour-del la chappelle Sainct-Maurice en l'eglise Sainct-Estienne de Troyes, par la resignation pure et simple de maistre Hector le Boucher. (278. — fol. 62 v°.)

284. Saint-Just, 17 février. — Pour Guillaume Perouse l'office de greffier et secretaire civil en la court de Parle-ment en Daulphiné, vaccant par la pure et simple resigna-cion faicte par maistre Guillaume Bachoud, par son procureur souffisament fondé. (280. — fol. 63.)

285. Saint-Just, 17 février. — Declaracion par laquelle Ma-dame veult et ordonne que maistre Nicolas Symonnot, gref-fier du bailliage de Chaumont en Bassigny, joysse du proffit et emolument du seel, non obstant l'obmission qui en fut faicte en ses lectres d'office dud. greffe, actendu que la ferme dud. seel estoit unie quant et celle du greffier et luy furent ensemblement vendues, suyvant l'edict et nouvelle creation faicte par le Roy desd. greffes et offices. (287. — fol. 64 v°.)

286. Saint-Just, 18 février. — Pour Georges Douet l'office de grenetier de Meze en Languedoc, par le trespas de feu Loys Foucques. (279. — fol. 62 v°.)

287. Saint-Just, 19 février. — Pour Anthoine de Conflans don de la chastellenie de Clerieux, par commission, pour en joyr soubz la main du Roy, ainsi qu'il faisoit auparavant le saisissement des terres du s^r de Sainct-Vallier, jusques à ce que par le Roy autrement en soit ordonné. (281. — fol. 63.)

288. Saint-Just, 19 février. — Pour Françoys Golie l'office de cappitaine de la grosse tour de Charenton, vaccant par le trespas de feu mons^r le tresorier Le Gendre. (282. — fol. 63 v°.)

289. Saint-Just, 19 février. — Pour Jehan de Liret, s^r d'Aramont, permission de tirer par les rivieres du Rosne et de l'Izere ung radeau de boys jusques aud. lieu d'Aramont fran·

chement et quictement, sans autre chose paier. (283. — fol. 63
v°.)

290. Saint-Just, 20 février. — Pour les manans et habitans
de Sainct-Just et Sainct-Irigny sauvegarde et exemption de logeiz de gens de guerre et de la contribucion d'iceulx, pourveu .
touteffoiz que en temps d'emynent peril ilz recevront garnisons.
(292. — fol. 65 v°.)

291. 20 février. — Pour Raymond Phelippeaux l'office d'esleu nouvellement erigée à Bloys. (299. — fol. 68.)

292. Saint-Just, 22 février. — Acquict à maistre Charles
Luyllier, commis à recevoir et recueillir tous et chascuns les
deniers qui seront trouvez appartenir revenans bons au Roy
du duché de Bretaigne, pour mectre ès mains de maistre
Pierre d'Apestigny la somme de mil livres tournoys des deniers venans de sad. commission. (285. — fol. 64.)

293. Saint-Just, 22 février. — Main-levée du temporel et
places de l'evesché de Vannes, en faveur de mons^r le cardinal
Cinq et quatre, evesque dud. evesché. (286. — fol. 64 v°.)

294. Saint-Just, 25 février. — Permission à Painçon Jo-
bert, fermier du tyraige, pour la part du Daulphiné et Provence, de faire crier à cry public, appellez les procureurs du
Roy et des Estatz du pays de Daulphiné, les voictures dud.
tyraige au moings disant et offrant, par les villes et lieux
de Lyon, Vienne, Condrieu, Tournon, Teing, Vallence, Ro-
mans, Montelymare, le Pont-Sainct-Esperit et autres lieux où
peult avoir marchans voicturiers acoustumez de faire lesd.
voictures. (293. — fol. 66.)

295. Saint-Just, 26 février. — Pour René le Coincte l'office
d'esleu sur le fait des aydes et tailles en l'election de Chasteau-
Thierry, nouvellement erigée. (288. — fol. 65.)

296. Saint-Just, 26 février. — Pour Jehan Equiten l'office d'uisier de la court de Parlement de Grenoble, du nombre des deux nouvellement crées et erigées en lad. court. (291. — fol. 65 v°.)

Catalogue des actes de François Ier. T. i, n° 2123.

297. Saint-Just, 27 février. — Pour messire Nicolas de Neufville l'office de tresorier de France, vaccant par le trespas de feu messire Pierre le Gendre. (289. — fol. 65.)

Catalogue des actes de François Ier. T. i, n° 2121.

298. Saint-Just, 27 février. — Sauvegarde pour seurs Marye de Carmeure, Jehanne Doure et Annes du Boys, religieuses de Sainct-George de Rennes, ordre de Sainct-Benoist. (290. — fol. 65 v°.)

299. Saint-Just, février. — Pour Jehan Rubat, natif de Raconnys, en Piemont, huissier de salle de Madame, lectre de naturalité et congié de tester, avec don de finance. (253. — fol. 57.)

300. Saint-Just, février. — Establissement de deux foyres l'an ou lieu de Privas en Vivarais, c'est assavoir la premiere, le premier jour d'aoust, la seconde, le xxiiime jour de novembre, pour estre tenues durant deux jours chascune. (261. — fol. 58 v°.)

301. Saint-Just, février. — Pour maistre Clement Mulat, juge de Valence, infeodation et abbencinsation d'un broteau, petite ysle ou gravier assiz au dedans de la riviere de Rosne, au dessoubz de la ville de Lyon, à la charge de paier par luy ou ses hoirs et sucesseurs, par chascun an, à la recepte ordinaire de Lyon, deux solz tournoys de cens et serviz annuel et perpetuel, portant loz et ventes, et la somme de trente livres pour une foys pour les intrangs. (284. — fol. 64.)

. MARS.

302. Saint-Just, 1ᵉʳ mars. — Congé à mad, dame de Longueville de faire tyrer et enlever de ses terres de Noyers et d'Espoisses, scituées et assises ès pays et duché de Bourgoigne, la quantité de cinquante muytz de blé, mesure de Paris, iceulx faire mener et conduire aud. Paris et ès environs pour en subvenir et ayder aux habitans desd. lieux qui de present en ont necessité. (297. — fol. 67.)

303. Saint-Just, 7 mars. — Acquict au tresorier de l'Espargne pour payer ou faire payer par le changeur du Tresor ou l'ung des receveurs generaulx qui myeulx le pourra porter, à messire Nycolas deNeufville, sʳ de Villeroy, la somme de xxᵐl., pour son remboursement de pareille somme qu'il a prestée au Roy. (298. — fol. 67 v°.)

304. Saint-Just, 7 mars. — Pour maistre Jehan Helaine presentacion à l'evesque de Bayeulx de la cure de Sainct-Pierre de Geffousse, vaccant par le trespas de feu maistre Guy de Manneville, appartenant lad. presentacion au Roy à cause de la garde des myneurs de feu Jaques de Manneville, sʳ dud. lieu de Geffousse. (313. — fol. 70 v°.)

305. Saint-Just, 9 mars. — Pour Jehan Vallette, varlet de chambre du Roy, l'office de grenetier du grenier à sel de Bernay, vaccant par le trespas de feu Gabriel Escorchart. (300. — fol. 68.)

306. Saint-Just, 12 mars. — Pour maistre Jehan Reynard don de l'office de juge des baronnies au siege et ville de Montpellier, vaccant par le trespas de feu maistre Jehan Salgues. (301. — fol. 68.)

307. Saint-Just, 13 mars. — La prebende de Chartres pour maistre Mathieu d'Auguechin, vaccant en regalle par le trespas de feu maistre Jaques de Fromentieres, à cause de ce que maistre Philippes Bruneau, Eustache Girard, Michel d'Eu et Jehan Houbracque, pretendans droit en lad. prebende par le trespas dud. de Fromentieres, n'y ont esté receuz et n'ont faict leur dilligence. (310. — fol. 69 v°.)

308. Saint-Just, 14 mars. — Pour André le Roy l'office de greffier des esleuz de Beauvais, vaccant par le trespas de feu Pierre Sarrazin. (302. — fol. 68 v°.)

309. Saint-Just, 15 mars. — Pour maistre Calmyne de la Garde, licencié ès droitz, l'office de lieutenant general, criminel et civil ou siege de Tulle, nouvellement erigé. (305. — fol. 69.)

310. Saint-Just, 15 mars. — Pour maistre Pierre de Loyac, licencié ès droitz, l'office de lieutenant particulier aud. siege de Tulle, nouvellement erigé. (306. — fol. 69.)

311. Saint-Just, 15 mars. — Pour maistre Jehan Gregorii, licencié ès droitz, l'office d'advocat du Roy aud. siege de Tulle, nouvellement erigé. (307. —fol. 69.)

312. Saint-Just, 15 mars. — Pour maistre Anthoine de Sainct-Salvadour, licencié ès droitz, l'office de procureur du Roy aud. siege de Tulle, nouvellement erigé. (308. — fol. 69 v°.)

313. Saint-Just, 15 mars. — Pour maistre Estienne de Sainct-Salvadour l'office d'enquesteur oud. siege de Tulle, nouvellement erigé. (309. — fol. 69 v°.)

314. Saint-Just, 15 mars. — Retenue de maistre d'Ostel du Roy pour Pierre d'Ages, sr de Sainct-Maigne, ou lieu et place du feu sr de Roustin. (372. — fol. 81 v°.)

315. Saint-Just, 15 mars. — Autre retenue de maistre d'Ostel pour Loys de Gastineau, sr de Sainct-Bonnet, ou lieu et place du feu bastard de Luppe. (373. — fol. 81 v°.)

316. Saint-Just, 18 mars. — Acquict à maistre Benigne Ferré, receveur general de Bourgongne, pour payer et bailler à Girard de Vienne, s^r de Ruffey, la somme de IIII^m l.t., à icelle avoir et prandre des deniers provenans des restes à luy deuz par les officiers comptables de sa charge, depuis l'année v^e xxi jusques au derrenier jour de decembre v^e xxiii dernier passé, ou que led. receveur general pourra devoir à cause de sond. office v^e xxii et xxiii, et ce pour le recompenser de sa pension des années v^e xxii et xxiii dont il n'a esté payé, aussi pour plusieurs fraiz, mises et despenèces par luy faictes pour les affaires du Roy oud. pays de Bourgongne, mesmement pour envoyer gens et espies sur les champs pour sçavoir et entendre nouvelles des ennemys dud. s^r. (314. — fol. 70 v°.)

317. Saint-Just, 19 mars. — Pour mons^r le conte de Guyse et d'Aumalle don de la terre et seigneurie de Sainct-Dizier en Pertoys, pour en joyr sa vie durant par ses mains et simples quictances et sans aucune chose en retenir pour le Roy, fors les foy et homaige, ressort et souveraineté, avec puissance et faculté de pourveoir aux offices ordinaires de lad. seigneurie, quant vaccation y escherra. (324. — fol. 72 v°.)

Catalogue des actes de François Ier. T. I, n° 2129.

318. Saint-Just, 20 mars. — Pour messire Robert de la Martonnye, maistre d'Ostel du Roy, l'office de cappitaine de Dinan, vaccant par le trespas de feu Jehan de Sainct-Gelays, s^r de Maumont. (316. — fol. 71 v°.)

319. Saint-Just, 20 mars. — Pour maistre Raymond Arnaud, docteur ès loix, l'office de juge de Perigueu, vaccant par le trespas de feu maistre Anthoine Bonaric. (429. — fol. 93.)

320. Saint-Just, 20 mars. — Pour Guillaume Raissac l'office de viguier de Perigueu, vaccant par le trespas de feu Philippes de Dorlan. (430. — fol. 93.)

321. Saint-Just, 20 mars. — Pour Julien Mondain l'office d'artilleur en la cité de Carcassonne vaccant par le trespas de feu Nicolas Chappart. (431. — fol. 93.)

322. Saint-Just, 21 mars. — Pour Perot Douarty l'office de cappitaine d'Arques, vaccant par le trespas du feu bastard de Vendosme. (315. — fol. 71.)

323. Saint-Just, 21 mars. — Pour Pierre de Clermont, chevalier, s^r dud. lieu et vicomte de Nebouzen, don de la charge et cappitainerie de cinquante lances, du nombre de celles de feu mons^r l'admiral. (317. — fol. 71 v°.)

324. Saint-Just, 21 mars. — Pour Charles de Mouy autres L lances, du nombre de celles de feu mons^r le mareschal de Chabannes. — (318. fol. 71 v°.)

325. Saint-Just, 21 mars. — Pour messire Claude d'Estampes, chevalier, s^r des Roches, la charge et cappitainerie de cinquante lances, du nombre de celles de feu mons^r de la Tremoille. (319. — fol. 72.)

326. Saint-Just, 21 mars. — Pour messire Anthoine de Montpezat autres cinquante lances, du nombre de celles du feu mareschal de Chabannes. (320. — fol. 72.)

327. Saint-Just, 22 mars. — Pour Françoys de Grissan, home d'armes de la compaignie de mons^r de Tournon, l'office de cappitaine et chastellain de Fay en Forest, vaccant par le trespas de feu Jaques de Sainct-Pol. (322. — fol. 72 v°.)

328. Saint-Just, 22 mars. — Pour Lancelot de Bovent, s^r de Mardicoque, l'office de garde du marteau et forestz de Compiegne, vaccant par le trespas de feu Henry de Bussy. (323. — fol. 72 v°.)

329. Saint-Just, 23 mars. — Pour mons^r d'Embrun traicte de cinq cens sommées de blé, pour icelluy prendre au pays de Forestz et le mener et conduire à Orleans, Bloys et autres pays circunvoisins. (321. — fol. 72.)

550. Saint-Just, 23 mars. — Acquict au receveur general de Bourgoigne pour payer et bailler au sʳ de la Guiche la somme de deux mille francs, pour le recompencer de sa pension des années vᵉ xxii et xxiiiᵉ desquelles il n'a esté payé, et aussi en consideracion des services par luy faitz, et ce sur les deniers provenans des restes des officiers comptables de sa charge et de luy pareillement, depuis l'année vᵉ xxi ou à l'année vᵉ xxiii. (325. — fol. 73.)

551. Saint-Just, 24 mars. — Pour Jehan des Breulles, chevalier, sʳ de Peyfeu, don de la cappitainerie de Cusset, vaccant par le trespas du feu bastard de Cleves. (334. — fol. 74 vᵒ.)

552. Saint-Just, 25 mars. — Pour Jacques des Champs, sʳ des Vaulx, l'estat de commissaire de la guerre, du nombre des huit ordinaires, vaccant par le trespas de feu Anthoine du Sel. (326. — fol. 73 vᵒ.)

553. Saint-Just, 25 mars. — Pour Michel d'Ause la commanderie de Sainct-Jaques de l'Espée d'Estampes, par le trespas de feu Pierre d'Ause. (327. — fol. 73 vᵒ.)

554. Saint-Just, 25 mars. — Pour maistre Hebert Mauduyt la prebende de Sainct-Saulveur Lendelin de l'eglise [de] Coustances, vaccant par la resignacion de Jehan Briand, à cause de permutacion à la chapelle Sainct-Vincent de l'eglise de Bayeux, appartenant lad. collacion, pour raison de la regalle ouverte en lad. eglise,... (328. — fol. 73 vᵒ.)

555. Saint-Just, 25 mars. — Pour Philippes Touillon don de l'office de greffier du bailliage de Mascon, nouvellement creé et erigé. (329. — fol. 74.)

556. Saint-Just, 26 mars. — Pour Loys de Rabaudanges l'office de cappitaine de la ville et chasteau de Meullan, vaccant par le trespas de Jaques d'O. (333. — fol. 74 vᵒ.)

557. Saint-Just, 26 mars. — Pour Lancellot Gosselin, varlet

de chambre et tappicier du Roy, l'office de portier de la premiere porte du chasteau de la ville d'Arques, vaccant par le
trespas de feu Regnault le Conte. (336. — fol. 75.)

338. Saint-Just, 26 mars. — Pour Jacques du Feu, maistre
d'Hostel ordinaire du Roy, et Anthoine de Montpezat, gentilhomme de la chambre du Roy, l'office de maistre des eaues et
forestz en la conté de Poictou, au survyvant d'eulx deux. (337.
— fol. 75.)

339. Saint-Just, 27 mars. — Pour Charles du Plessis, sʳ de
Savonnieres, premier maistre d'Ostel de Madame, l'office de prevost et garde du seel de la prevosté de Troyes, vaccant par le
trespas [de] feu Guillaume Bruyer. (339. — fol. 75 vᵒ.)

340. Saint-Just, 27 mars. — Pour Xristofle Brocard la prebende de Nostre-Dame de Vernon vaccant par le trespas de
maistre Anthoine Torex. (348. — fol. 77.)

341. Saint-Just, 28 mars. — Pour Thomas du Val, pouvre
homme de guerre, place de religieux lay en l'abbaye de Sainct-
Benoist sur Loyre. (330. — fol. 74.)

342. Saint-Just, 28 mars. — Pour Loys de la Ribauldiere,
pouvre gentilhomme du pays du Mayne, place de religieux lay
en l'abbaye de Nostre-Dame de l'Isle lez Lyon. (331. — fol. 74.)

343. Saint-Just, 28 mars. — Pour monsʳ le prince de
Thalmont don de rachaptz, reliefz, paraiges et autres droitz et
devoirs seigneuriaulx escheuz au Roy par le trespas du feu sʳ de
la Tremoille à cause de la terre, chastellenie et viconté de
Thouars, tenuz de la tour de Maubayou, de Poictiers; la
baronnye, terre et seigneurie de Mauleon, tenue de lad. tour;
la principaulté de Thalmont, seigneuries d'Olonne et la Chaulme,
tenuz de Fontenay le Conte; la seigneurie du Praet, tenue de
Nyort; la seigneurie de la Cheze le Viconte, tenuz dud. Nyort;
la conté de Benon, Marant, l'Isle de Ré, tenuz de la Rochelle;
la Tremoille, tenue de Montmorillon; la baronnye de Luxon et

Curzon, tenuz de...; ɔla seigneurie de la Mothe Achard, tenuz
de la seigneurie de (la seigneurie de) la Benoiste; de Bourguef
et Princep, tenuz de Nantes. (335. — fol. 74 v°.)

Catalogue des actes de François Iᵉʳ. T. ɪ, n° 2133.

344. Saint-Just, 28 mars. — Pour monsʳ le prince de Thalmont souffrance de faire les foy et hommaige des terres et seigneuries cy dessus escriptes jusques à ung an. (338. — fol. 75
v°.)

345. Saint-Just, 28 mars. — Pour Perot de Ruthie l'office de cappitaine de Tombelaine, par le trespas de feu Jehan
de Montaulambert. (341. — fol. 76.)

346. Saint-Just, 28 mars. — Pour Ludovic le Groing, sʳ de
Villebouche, retenue de l'ung des cent gentilzhommes de la
maison du Roy, soubz monsʳ le grant seneschal, ou lieu de
François le Benoist, dit Raigny. (346. — fol. 76 v°.)

347. Saint-Just, 28 mars. — Pour Françoys de Rovray, dit
Sainct-Symon, retenue de l'ung des cent gentilzhommes soubz
la charge de monsʳ le grant seneschal, ou lieu et place de
feu Jehan d'Autry. (347. — fol. 77.)

348. Saint-Just, 28 mars. — Presentacion à l'archevesque
de Rouen de la cure de la Trinité du Bosc-Hedelin, appartenant lad. presentacion au Roy à cause de la garde des myneurs du feu sʳ de Rouvray, de la personne de maistre Guillaume
Roger, par le trespas de feu Estienne Tiercelin. (352. — fol. 78.)

349. Saint-Just, 31 mars. — Pour le sʳ de Guenegat commission à l'excercice de l'office de cappitaine de Bief, vaccant
par le trespas de feu maistre Guillaume Gouffier. (332. — fol. 74.)

350. Saint-Just, 31 mars. — Pour messire Pierre de Belle-
fourriere, sʳ de Mailly, don des lotz, ventes et autres droitz
seigneuriaulx par luy deuz au Roy à cause de l'acquisicion par
luy faicte de lad. baronnye, terre et seigneurie de Mailly. (344.
— fol. 76 v°.)

351. Saint-Just, 31 mars. — Homaige de lad. baronnye, terre et seigneurie, tenue du Roy à cause du chastel de Peronne. (345. — fol. 76 v°.)

AVRIL.

352. Saint-Just, 1ᵉʳ avril. — Pour monsʳ le conte de Bryenne creue de vingt lances, de celles de feu monsʳ de la Tremoille, pour luy parfaire le nombre de LX lances. (340. — fol. 75 v°.)

353. Saint-Just, 1ᵉʳ avril. — Pour Jehan de Boysse, Marquessat et Commarques, honesches en la compaignie de feu monsʳ de la Tremoille, reliefvement de monstre des quartiers d'avril, may, juing, juillet, aoust et septembre vᶜ XXIII. (342. — fol. 76.)

354. Saint-Just, 1ᵉʳ avril. — Pour le sʳ de Humieres creue de vingt cinq lances fournies des ordonnances, du nombre de celles du feu sʳ de la Tremoille, pour luy parfaire le nombre de cinquante. (350. — fol. 77 v°.)

355. Saint-Just, 1ᵉʳ avril. — Pour le conte de Brene creue de dix lances, du nombre de celles de feu monsʳ de la Tremoille. (351. — fol. 77 v°.)

356. Saint-Just, 1ᵉʳ avril. — Pour messire Gabriel de Agnat don des XL lances du [nombre] de celles que avoit le feu sʳ de Lescun, mareschal de France. (356. — fol. 78 v°.)

357. Saint-Just, 1ᵉʳ avril. — Pour Philippes de Crequy charge et cappitainerie de XL lances, du nombre de celles du feu sʳ de Pont de Remy. (359. — fol. 79.)

358. Saint-Just, 1ᵉʳ avril. — Pour Jehan de Crequy autres XL lances dud. nombre. (360. — fol. 79.)

359. Saint-Just, 1ᵉʳ avril. — Pour frere Jehan Daveau, religieux de l'ordre de Cluny, natif de Valencienes, lectre de naturalité et congié de tenir benefices en France jusques à la somme de deux mil livres tournoys. (361. — fol. 79 v°.)

560. Saint-Just, 2 avril. — Acquict au receveur ordinaire de Chaulmont en Bassigny pour payer et bailler à Jehan de Saulx, s^r d'Orrain, cappitaine et garde du chasteau de Toul en Lorraine, la somme de IIII l. t. pour ses gaiges dud. office, de l'année finie le derrenier jour de decembre derrenier passé. (343. — fol. 76.)

561. Saint-Just, 2 avril. — Acquict au tresorier et receveur general de Bretaigne de la somme de deux cens livres à iceulx avoir et prandre sur les rachaptz advenuz et escheuz par le trespas de feu... de Treal, s^r de Cheville, ou pays de Bretaigne, de laquelle Madame a fait don à Jacques de Bernonville et Estienne Fromont, sommeliers de son eschançonnerye. (349. — fol. 77.)

562. Saint-Just, 2 avril. — Acquict au receveur general de Bourgongne de la somme de IIII^m VIe XXX l. t. laquelle a derrenierement esté levée par led. receveur sur les manans et habitans du conté de Charoloys pour leur cocte et porcion de l'octroy du pays de Bourgongne, combien qu'ilz eussent esté exemptez et affranchiz dud. octroy, laquelle somme Madame a ordonné estre baillée et delivrée à madame la duchesse douhairiere de Vendosme, contesse de Charoloys, pour la rendre et restablir ausd. manans et habitans. (353. — fol. 78.)

563. Saint-Just, 2 avril. — La charge, cappitainerie et conduicte de cent chevaulx ligiers que par cy devant souloient avoir Andrea Batrino et le chevalier Buzy pour Marc Anthoine de Casan. (374. — fol. 81 v°.)

564. Saint-Just, 3 avril. — Pour messire Gabriel de Lugnac don de l'office de bailly de Chaulmont en Bassigny, vaccant par le trespas de feu Jaques d'Amboyse. (492. — fol. 106 v°.)

565. Saint-Just, 4 avril. — Pour maistre Valentin Tardivon, docteur ès droitz, l'office de conseillier en la court de Parlement de Daulphiné vaccant [par la pure et simple resignacion, faicte par procureur, de messire Bernard de Nocetto. (357. — fol. 79.)

366. Saint-Just, 5 avril. — Pour les relligieux du convent de l'Observance de la cité de Lethore don de droit de chauffaige de mort boys et boys mort en la forest de la Rame, en la conté de Gaure. (354. — fol. 78 v°.)

367. Saint-Just, 5 avril. — Pour monsʳ de Villeroy, secretaire des finances, acquict de la somme de seize cens vingt troys livres ɪɪ s. ᴠɪ d. t. à luy ordonnez par Madame, regente en France, c'est assavoir xɪɪ° l. t. pour sa pencion et entretenement oud. office de secretaire desd. finances de l'année finie le derrenier jour de decembre derrenier passé, et ɪɪɪɪ° xxɪɪɪ l. ɪɪ s. ᴠɪ d. t. pour ses gaiges ordinaires à cause dud. office de secretaire des finances de lad. année, qui est au feur de xᴠɪɪɪ s. p. par jour, et xɪ l. p. par an pour droit de manteaulx. (385. — fol. 84.)

368. Saint-Just, 6 avril. — Pour monsʳ le conte de Montrevel charge et cappitainerie de quarente homensches dont avoit la charge le feu sʳ de Bussy. (355. — fol. 78 v°.)

369. Saint-Just, 7 avril. — Pour maistre Pierre de Cambray la chanoinie et prebende de l'eglise de Noyon que souloit tenir maistre Jehan de Mastan, vaccant à present en regalle. (367. — fol. 80 v°.)

370. Saint-Just, 7 avril. — Pour maistre Fusée de Cambray la chanoinie et prebende de l'eglise de Noyon que souloit tenir maistre Jehan de Baynasc, vaccant à present en regalle. (368. — fol. 80 v°.)

371. Saint-Just, 8 avril. — Don à monsʳ l'arcevesque de Thoulouse des lotz, ventes, autres droitz seigneuriaulx deuz et escheuz au Roy à cause de la vendition par luy faicte de la terre et seigneurie de Fallamer, appartenances et deppendances d'icelle. (358. — fol. 79.)

572. Saint-Just, 8 avril. — Pour mons^r le prince de Talle-mont, s^r de la Tremoille, la cappitainerie des place et chastel du Vergy en Bourgongne, vaccant par la mort de feu mons^r de la Tremoille, ensemble tous et chascuns les fruictz, prouffitz, revenuz et emolumens d'icelle place, terre et seigneurie du Vergy et ses appartenances, pour en joyr par led. prince de Tal-lemont sa vie durant. (363. — fol. 80.)

573. Saint-Just, 10 avril. — Pour Guy Guyffié, s^r de Bou-tieres, l'office de prevost de l'Hostel, vaccant par la mort de feu le bastard de Luppe. (370. — fol. 81.)

574. Saint-Just, 11 avril. — Pour les relligieuses abbesse et convent de Saincte-Claire d'Aiguesperce acquit aux gens des Comptes à Moulins pour par le receveur et tresorier des terres de Montpensier, Jehan de Reboulh, faire payer et bailler contant ausd. religieuses la somme de c l. t. pour l'annuelle pension qu'elles ont acoustumé d'avoir de la maison de Bourbon, et xxx l. t. pour leur chauffaige. (362. — fol. 79 v°.)

575. Saint-Just, 11 avril. — Pour Jehan Thibault, prestre, la prebende de Dijon, par resignacion de la prebende de Lan-gres, faicte par Thibault le Jay, aussi prestre. (364. — fol. 80.)

576. Saint-Just, 11 avril. — Pour madame la marquise de Salluces et mons^r le marquis de Salluces, son filz, don de la conté de Castres, ses appartenances et deppendances, leurs vies durans tant seullement et au survivant d'eulx deux. (365. — fol. 80.)

Catalogue des actes de François Ier. T. I, n° 2141.

577. Saint-Just, 11 avril. — Pour maistre Jehan Quintin la prebende et chanoinie de l'eglise de Noyon que soloit tenir maistre Richard du Riez, vaccant par regalle. (366. — fol. 80 v°.)

578. Saint-Just, 11 avril. — Pour maistre Jehan Baillet, pres-tre, chappellain de Madame, la prevosté de Sainct-Albin de Crespy en Valloys, vaccant par la permutacion par luy faicte avec maistre Monnart de la chappelle Saincte-Marye fondée en l'eglise par-rochial Sainct-Germain de Persant, ou diocese de Beaulvoys. (399. — fol. 87.)

379. Saint-Just, 14 avril. — Pour maistre Jehan Moraille l'office de secretaire du Roy à gages que tenoit feu maistre Fran-çoys Congnart, vaccant par son trespas. (379. — fol. 83.)

580. Lyon, 15 avril. — Pour maistre Guillaume Berthelemy l'office de conseillier de la court de Parlement à Paris vaccant par le trespas de feu Jehan Verier, auquel office lad. court l'a nommé. (369. — fol. 81.)

581. Lyon, 15 avril. — Acquict au tresorier de l'Espargne, messire Philebert Babou, de la somme de seize cens livres tournoys pour deux années deues à madame la douhairiere de Vendosmoys, finées le dernier jour de decembre dernier passé, qui est à raison de huit cens livres tournoys par an, à elle ordonnée par le Roy pour recompense du droit qu'elle pretendoit à la viconté de Meaulx. (371. — fol. 81.)

382. Lyon, 17 avril. — Acquict au tresorier de l'Espargne pour payer à Loys de Clermont, maistre d'Ostel du Roy, la somme de xve l. t. à icelle avoir et prendre des deniers qu'il recevra du changeur du Tresor, provenans de ce qu'il sera deu par les heri-tiers de feu Pierre Chappon, en son vivant grenetier de Joigny, par l'arrest et clousture de ses contes, dont Madame a fait don aud. de Clermont. (375. — fol. 82.)

583. Lyon, 17 avril. — Pour mons^r de Chasteaubriant la chappitainerie de L lances de celles de feu mons^r d'Alençon. (376. — fol. 82.)

384. Lyon, 17 avril. — Pour Michel de Lignery, s^r dud. lieu, retenue de l'ung des cent gentilzhommes de la maison du Roy soubz la charge du Grant Seneschal, ou lieu et place de Maure-gart. (386. — fol. 84 v°.)

585. Lyon, 20 avril. — Collacion de la tresorerie de Noyon que tenoit feu maistre Jehan de Beynasc, ou du droit pretendu en icelle par maistres Pierre Tempeste et Dominique le Cirier, pour Claude de Hangest, vaccant en regalle parce que Charles de Hangest, evesque dud. Noyon, a ceddé sond. evesqué ès mains de nostre Sainct-Pere le Pape. (377. — fol. 82 v°.)

586. Lyon, 20 avril. — Collacion de la prebende dud. Noyon que souloit tenir feu Philippes de Nozieres, ou le droit en icelle pretendu par maistre Pierre Tempeste, pour Claude de Hangest, vaccant lad. prebende en regalle comme la dessusd. (378. — fol. 82 v°.)

587. Lyon, 21 avril. — Pour l'evesque de Tonnerre, conte dud. Tonnerre, don des droiz de rachaptz, quintz, requintz, de- niers, proufflctz de fiefz et autres droiz seigneuriaulx au Roy ap- partenans, deuz et escheuz tant par le trespas de feu le conte Loys, son pere, François de Tonnerre, son frere, decedé en aage de pupillarité, que par le trespas naigueres advenu du feu conte Claude, son frere, pour raison des chastellenyes, terres et seigneuries de la Salle lez Clery et de Sainct-Mars de la Pille, tenues et mouvans, c'est assavoir lad. chastellenie de la Salle du duchié d'Orleans, et lad. chastellenie de Sainct-Mars, pour la pluspart, à cause du duchié de Touraine, à quelque somme qu'ilz se puissent monter, nonobstant que led. sᵣ n'eut acous- tumé de donner que la moictié ou le tiers. (380. — fol. 83.)

588. Lyon, 21 avril. — Pour led. conte de Tonnerre autre don de droiz de rachatz et autres droiz seigneuriaulx deuz et escheuz par le trespas dud. feu Claude, conte dud. Tonnerre, son frere, pour raison des baronnye de Sainct-Aignen et chastelle- nye de Celles en Berry, tenues et mouvans à cause du conté de Bloys, à quelque somme qu'ilz se puissent monter et nonobs- tant que le Roy n'ait acoustumé de donner que la moictié ou le tiers desd. droiz et devoirs seigneuriaulx. (381. — fol. 83 v°.)

589. Lyon, 21 avril. — Pour luy terme, respit et souffrance de faire les foy et hommaige et bailler par escript son denom brement et adveu qu'il est tenu faire au Roy de la chastellenye de la Salle, à cause du duché d'Orleans, et de la chastellenye de Sainct-Mars de la Pille, à cause du duché de Touraine, jusques à ung an prouchainement venant, à compter de la date de ces presentes, pourveu qu'il payera cependant les droiz qui pour ce pourront estre deuz aud. sʳ. (382. — fol. 83 vᵒ.)

390. Lyon, 21 avril. — Pour led. evesque de Tonnerre autre souffrance de faire foy et hommaige de la baronnye de Sainct-Aignen et chastellenie de Celles en Berry, à cause du conté de Bloys, jusques à ung an à compter de la date de ces presentes, pourveu qu'il payera cependant les droiz qui pour ce pourront estre deuz. (383. — fol. 84.)

391. Lyon, 21 avril. — Pour luy autre terme et souffrance de faire les foy et hommaige qu'il est tenu faire au Roy de la baronnye de Creuzy, à cause du duché de Bourgongne, jusques à ung an à compter du jour et date de ces presentes. (384. — fol. 84.)

392. Lyon, 23 avril. — Pour Jehan Carré, marchant, demourant à Paris, permission de tirer et enlever de Parel-le-Moneau la quantité de IIIᶜ muys de blé, mesure de Paris, et iceulx conduire et mener aud. Paris, et non ailleurs. (388. — fol. 85.

393. Lyon, 24 avril. — Pour Loys Devoré, sʳ de la Sabliere, retenue de l'ung des cent gentilzhommes de la maison du Roy soubz la charge du vidame de Chartres, ou lieu et place de Georges Loubbes, sʳ de la Gatebyne. (389. — fol. 85.)

394. Lyon, 24 avril. — Pour Anne de Rohan, vefve de feu messire Pierre de Rohan, sʳ de Frontenay, droit de garde de ses enfans qui, par la coustume des pays et duché de Normandie, peut compecter et appartenir au Roy, tant en la seigneurie de Gye en Carentan que ès autres biens et succession demourez par le decez dud. feu sʳ de Frontenay, pour en joyr et user par

lad. vefve des à present, durant la mynorité de ses enffans.
(391. — fol. 85 v°.)

395. Lyon, 24 avril. — Pour elle, oud. nom, main-levée du
saisissement fait, à la requeste du procureur du Roy, de la terre
et seigneurie de Gye en Carentan, pour en joyr par elle, oud. nom,
tout ainsi qu'elle et ses predecesseurs faisoient avant le saisissement et main-mise, jusques [à ce] que autrement par justice en
soit ordonné, et avec ce contraindre tous ceulx qui auront
charge, luy bailler et delivrer tout ce qui a esté pris et (à)
luy rendre compte et reliqua. (392. — fol. 85 v°.)

396. Lyon, 24 avril. — Pour elle tout droit de rachat et autres droiz et devoirs seigneuriaulx deuz par le trespas de feu son
mary pour raison de la forest d'Estampes, deppendant de la seigneurie de Frontenay, tenue et mouvant de la seigneurie de
Chisé, deppendant du duchié d'Angoulesme, et nonobstant que le
Roy n'ait acoustumé de donner de telle maniere de droiz que la
moictié ou le tiers. (393. — fol. 86.)

397. Lyon, 24 avril. — Pour elle, oud. nom, autre droit de
rachatz et autres droiz seigneuriaulx pour raison de la seigneurie de Gye en Carentan, tenue et mouvant dud. Carentan, et nonobstant etc. (394. — fol. 86.)

398. Lyon, 24 avril. — Pour elle, oud. nom, autre semblable
droit pour raison de la baronnye, terre et seigneurie de Frontenay, tenue et mouvant de Sainct-Jehan d'Angely, et nonobstant
etc. (395. — fol. 86.)

399. Lyon, 24 avril. — Pour elle autre semblable droit de
rachaptz et autres droiz et devoirs seigneuriaulx pour raison
des terres et seigneuries de Gacilly et de la Boissiere, tenues et
mouvans à cause du duché de Bretaigne et de la seigneurie de
Plermel, et nonobstant etc. (396. — fol. 86 v°.)

400. Lyon, 24 avril. — Pour [elle] autre semblable droit de
rachaptz et autres droiz et devoirs seigneuriaulx pour raison des

terres et seigneuries de Guerlesqui, tenue et mouvant à cause
dud. duché et de la seigneurie de ..., et de Gacilly et de la
Boissiere, tenues et mouvans à cause dud. duché et de la seigneurie de Plermel, et nonobstant etc. (397. — fol. 86 v°.)

401. Lyon, 25 avril. — Pour Charles Tiercelin, s^r de la Roche
du Maine, chevalier, l'office de maistre des eaues et forestz de
France, Champaigne et Brye, par le trespas de feu Michel de
Poysieu, s^r de Saincte-Mesme. (404. — fol. 88 v°.)

402. Lyon, 27 avril. — Don à mons^r le prince de Talmont
du droit de rachapt, reliefz, parages et autres droitz seigneuriaulx deuz et escheuz au Roy par le trespas du feu s^r de la
Tremoille, à cause de la seigneurie de Berrye, tenue dud. s^r à
cause du chasteau de Lodun. (387. — fol. 84 v°.)

403. Lyon, 28 avril. — Pour maistre Cantien Martin collation
de la chappelle perpetuelle de Sainct-Jacques fondée dans la
chappelle Sainct-Michel dans le cloz du Palays, vaccant par la
resignacion que en a ce jour d'uy, par son procureur, faicte Jehan de Villecardet au prouffit dud. Martin. (390. — fol. 85.)

404. Lyon, 28 avril. — Pour maistre Pierre Grevrot, prestre,
la chanoinie et prebende de l'eglise Sainct-Pierre de Laval, diocese
du Mans, à cause de permutation faicte avecques maistre François Maraudet, prestre, de la cure de Nostre-Dame de Courgeon,
ou diocese de Seez. (398. — fol. 87.)

405. Lyon, 28 avril. — Pour François Frommont don de la
prebende du Puy en Anjou, diocese de Poictiers, vaccant par la
pure et simple resignacion que en a faict[e] à son proffit Olivier
Chesneau. (413. — fol. 90.)

406. Lyon, 29 avril. — Pour messire Emard de Chantemerle,
chevalier, gouverneur d'Auxerre, acquit aux gens des Comptes
à Moulins que par le tresorier de Bourbonnoys, Jehan Cadier,
faire payer, bailler et delivrer aud. gouverneur deux mille livres
tournoys pour son remboursement de sa pension de l'année

passée, et aussi pour luy ayder à supporter les fraiz qu'il a cy devant soutenuz au service du Roy, et ce oultre etc. (400. — fol. 87 v°.)

407. Lyon, 29 avril. — Pour luy autre acquict aux gens des Comptes à Moulins pour par le tresorier de Forestz faire payer et delivrer aud. gouverneur la somme de deux mille livres tournoys pour son remboursement de l'estat, bienfait et pension qu'il souloit avoir en la maison de Bourbon. (401. — fol. 87 v°.)

408. Lyon, 30 avril. — Retenue de varlet de chambre de mons¹ le Daulphin pour Florentin Rosier, varlet aussi de la feu [e] royne, que Dieu absoilhe. (402. — fol. 88.)

409. Lyon, 30 avril. — Pour Claude Sanguyn l'office de bailly de l'artillerie ou chastel du Louvre à Paris, par la resignacion faicte par le procureur de maistre Jehan Morin, derrenier possesseur dud. office. (405. — fol. 88 v°.)

410. Lyon, 30 avril. — Don à mons¹ de Montpesat de tout le revenu, prouffit et esmolument de la chastellenye, terre et seigneurie de Jenville en Beausse, avecques toutes ses appartenances et deppendences, quintz, requintz, rachaptz, reliefz, censyves, lotz, ventes, espaves, aubenaiges, gros, marché, greffes du bailliaige et prevosté, advenaiges de Santilly et Ruan, et autres droitz d'icelle terre et seigneurie, pour icelluy droit et revenu avoir et prandre, sa vie durant, tout ainsi et par la forme et maniere que faisoit le feu bastard de Luppe, auquel led. s¹ en avoit fait semblable don, à commancer au jour du trespas dud. de Luppe, et avec ce est permis aud. de Montpesat commectre à la recepte de lad. seigneurie tel personnaige que bon luy semblera, en payant les fiefz, aumosnes, gaiges d'officiers et autres charges ordinaires, et sera tenu icelluy qui sera commis à la recepte rendre compte dud. revenu et esmolument, de deux ans en deux ans, au receveur du domaine d'Orleans. (440. — fol. 95 v°.)

411. Lyon, 30 avril. — Pour Anthoine de Lectes, dit de Montpesat, l'office de cappitaine de Jenville en Beausse, vaccant par le trespas du feu bastard de Luppe. (441. — fol. 96.)

412. Lyon, 30 avril. — Don de deux marchés la sepmaine au bourg de Nangis, c'est assavoir oultre celluy qui y est d'ancienneté le jour de mercredy, il y en eust ung le vendredy, toutes les sepmaines de l'an, et aussi que le marché qui y estoit d'ancienneté le jour de Sainct-Martin d'esté soit prorogé durant quatre jours ensuivans et consecutifz. (406. — fol. 88 v°.)

MAI.

413. Lyon, 1er mai. — Commission à messire Girard de Vienne, chevalier, conseillier du Roy, cappitaine de Beaune, pour advitailler et pourveoir lad. ville de blez et d'autres choses neccessaires pour la despence de iiim hommes de pié et iie hommes d'armes, et povoir faire contraindre, non obstant opposicions ou appellacions quelzconques, ceulx des pays de Nyvernoys, Charroloys, Ostunnoys, prevosté d'Arnay, Poully en l'Axois et autres, et qu'il ordonne au receveur du domayne de lad. ville de payer tous les fraiz qui seront faictz à ceste cause. (403. — fol. 88.)

414. Lyon, 1er mai. — Pour maistre Jehan Grippel la chanoinie et prebende de l'eglise collegiale Sainct-Estienne de Troyes vaccant par resignacion, à cause de permutation faicte du prioré commendataire Sainct-Hylayre de Troyes avecques maistre Hugues Marnyer. (407. — fol. 89.)

415. Lyon, 1er mai. — Pour maistre Robert Cenali, evesque de Vence, la tresore(re)rie, prebende et chanoinerie de la Saincte-Chappelle de Paris vaccant par le trespas de feu maistre Philippes Pot. (410. — fol. 89 v°.)

416. Lyon, 1er mai. — Pour maistre Jehan du Mesnil collacion de la malladerie du Mans, vaccant par le trespas de feu maistre Jehan Lamoureux, aut alias quovis modo. (411. — fol. 89 v°.)

417. Lyon, 1er mai. — Pour maistre Robert de Billy, le Jeune, don de l'office de conseillier lay au Parlement de Rouen vaccant par le trespas de feu maistre Symon Boullet. (412. — fol. 90.)

418. Lyon, 1er mai. — Pour monsr le comte de Challant la charge, cappitainerie et conduicte de xl lances, assavoir est xx de celles dont souloit avoir la charge le feu sr d'Alençon, dix de la compaignie du feu sr de Saincte-Mesme et dix de celle[s] du feu sr de Tournon. (415. — fol. 90 v°.)

419. Lyon, 1er mai. — Pour maistre Robert de Vylly, le Jeune, dispense de tenir l'office de conseillier lay en la court de Parlement à Rouen, non obstant que son pere, maistre Robert de Villy, l'Aisné, soit president en la d. court. (420. — fol. 91 v°.)

420. Lyon, 3 mai. — Pour maistre Jehan des Dormans l'office de conseillier lay de la court de Parlement à Rouen vaccant par la mort de feu maistre... Roulin. (408. — fol. 89.)

421. Lyon, 3 mai. — Acquict au tresorier de l'Espargne de la somme de treze cens unze livres seize solz quatre d. t. ordonnée par Madame à monsr le cardinal de Bourbon pour le reste de son remboursement de la vaisselle qu'il avoit prestée au Roy. (409. —fol. 89 v°.)

422. Lyon, 4 mai. — Pour maistre Olivier Chemiau, prestre, la prebende et chanoynerie en l'eglise de Nostre-Dame de Loches vaccant par le trespas de maistre Rolland du Moulin. (419. — fol. 91.)

423. Lyon, 6. mai. — Pour Thomas du Val place de religieux lay en l'abbaye de Bretheul. (414. — fol. 90.)

424. Lyon, 6 mai. — Pour Jehan de Levis, vicomte de Montsegur, l'office de seneschal de Carcassonne, vaccant par la resignacion de Jehan de Levis, mareschal de la Foy, son pere, personnellement faicte. (422. — fol. 91 v°.)

425. Lyon, 7 mai. — Pour André Berthelon l'office de servant et garde de la garnison de la ville et tour d'Aigues-Mortes vaccant par le trespas de Jehan Parparez. (416. — fol. 90 v°.)

426. Lyon, 7 mai. — Pour Archambault de la Ryvoire l'office de servant et garde de la garnison de la ville et tour d'Aigues-Mortes vaccant par le trespas de Jaques Faure. (417. — fol. 91.)

427. Lyon, 7 mai. — Pour Guillaume Sestiene l'office de servant et garde de la garnison de la ville et tour d'Aigues-Mortes vaccant par le trespas de feu Pierre du Puys. (418. — fol. 91.)

428. Lyon, 8 mai. — Pour Jacques Pigache l'office de cappitaine de Bruyeres soubz Laon, vaccant par le trespas de feu Jehan d'Avye. (424. — fol. 92.)

429. Lyon, 8 mai. — Pour maistre Bertrand Mainard la chappelle Sainct-Gabriel au chasteau de Caen, vaccant par le trespas de maistre Denys Plotin. (425. — fol. 92.)

430. Lyon, 8 mai. — L'office de maistre des Comptes à Dijon, du nombre des quatre ordinaires et anciens, pour maistre Benigne Jaqueron, et au survivant de maistre Estienne Jacqueron, son pere, et de luy. (427. — fol. 92 v°.)

431. Lyon, 8 mai. — L'office de receveur et payeur des gaiges des officiers domesticques de l'Ostel du Roy pour Geoffroy Vallée, vaccant par la resignacion de maistre Jehan Carré, personnellement faicte à son proffit. (481. — fol. 104 v°.)

432. Lyon, 8 mai. — L'office de receveur et payeur des gaiges et estat des prevost de l'Ostel, lieutenant du prevost, greffier et archiers, pour Jehan Turquan, vaccant par la pure et simple resignacion que en a faicte à son proffit maistre Gaillart Spifame. (482. — fol. 104 v°.)

433. Lyon, 8 mai. — La comission du payement de la construction de la ville françoyse et havre de grace pour Jehan de Bezançon, par la desmission que en a faicte à son proffit maistre Gaillart Spifame. (483. — fol. 104 v°.)

434. Lyon, 9 mai. — Pour le s^r de Jonvelle l'office de cap pitaine du chasteau de Dijon, que souloit par cy devant te nir feu le s^r de la Tremoille, son frere, vaccant à present par son trespas, aux gaiges, pension, estat et droiz et en telle auc torité, povoir et puissance que l'avoit le feu s^r de la Tremoille. (423. — fol. 92.)

435. Lyon, 10 mai. — Main-levée pour l'evesque de Veultere du saisissement et main-mise faicte sur la temporalité, fruictz et revenuz de l'abbaye de Toùrnut? et vicair[i]e de Draguignen appartenant aud. evesque de Veultere. (421. — fol. 91 v°.)

436. Lyon, 11 mai. — Acquict au tresorier de l'Espargne de la somme de mille escuz que Madame a ordonnée à Estienne Candel pour son remboursement de plusieurs fraiz et mises qu'il a faictes ès années v° XXI, XXII et durant le temps de dix neuf moys qu'il a esté devers mons^r de Savoye pour les affaires du Roy. (426. — fol. 92 v°.)

437. Lyon, 11 mai. — Pour Françoys de la Forest, s^r de Rian, la charge de cappitaine de XL lances, de celles du feu s^r de Saincte-Mesme. (433. — fol. 93 v°.)

438. Lyon, 11 mai. — Pour maistre Guillaume Preudhomme, conseiller du Roy et general de ses finances, l'office de tresorier de l'Espargne, vaccant par la desmission que messire Philippot Babou, chevalier, conseiller dud. s^r et tresorier de France, en a faicte ès mains de Madame, mere du Roy, regente en France. (435. — fol. 94.)

439. Lyon, 11 mai. — Acquit aux gens des Comptes à Paris pour passer et allouer ès comptes que maistre Guillaume Preud homme, nagueres receveur general des finances en Normandie, a à rendre, du fait d'icelle recepte, de l'année finye le derrenier jour de decembre mil v°XXIII, la somme de troys cens livres tour-

noys, laquelle il a payée, baillée et delivrée comptant à maistre
Jehan Duval, secretaire du Roy, pour son remboursement de
pareille somme par luy payée. (464. — fol. 101 v°.)

440. Lyon, 11 mai. — Autre acquit aud. receveur general de
Normandie de la somme de cinq mil treize livres xvii s. x d. t.,
laquelle dès l'année mil v° xxiii il a payée, baillée et delivrée
comptant à maistre Jehan Prevost, lors commis à l'extraordinaire
des guerres, pour convertir et employer ou fait d'icelle sa commission, mesmement aux fraiz que le sr de Bresze, grant seneschal et lieutenant general dud. pays de Normandie, ordonne y
estre faictz. (465. — fol. 101 v°.)

441. Lyon, 11 mai. — Autre acquit pour led. receveur general de la somme de six cens livres tournoys, laquelle il a baillée à maistres Thomas Postel et Jehan le Sueur, conseilliers du
Roy en sa court de Parlement à Rouen, commissaires à faire les
fieffes dès lad. année v°xxiii. (466. — fol. 102.)

442. Lyon, 11 mai. — Acquit pour led. receveur de la somme
de troys mil cent iiiixx xii l.t., laquelle somme il a baillée à plusieurs personnes tant pour le recouvrement des deniers de sad.
recepte durant lad. année v°xxiii que pour le port d'iceulx,
plus à plain contenu au roolle ataché aud. acquit. (467. — fol.
102.)

443. Lyon, 11 mai. — Pour luy autre acquit de la somme
de iim vi° xxvii l. xvi s. iii d. t., laquelle il a baillée à plusieurs
personnes, tant pour le recouvrement des parties contenues en
ung roolle ataché aud. acquit que pour le port d'icelluy, à plusieurs et diverses foys. (468. — fol. 102.)

444. Lyon, 11 mai. — Pour led. receveur general de Normandie autre acquit de la somme de iiii m c xlv l. xvi s. iiii
d. t., laquelle il a baillée et fournye à plusieurs personnes
pour semblable vaccacion, denommé[e] à l'autre acquit. (469. —
fol. 102 v°.)

445. Lyon, 11 mai. — Pour luy autre acquit de la somme de
II ᵐ IXᵉ X l. III s. III d. t., laquelle il a baillée à plusieurs personnes
tant pour le recouvrement des deniers que pour le port d'iceulx,
et aussi pour autres voiages et messaigeries necessaires, comme
il est contenu au roole ataché aud. acquit. (470. — fol. 102 vᵒ.)

446. Lyon, 15 mai. — Pour monsʳ de Chasteaubryant don
des droitz de rachaptz, proffitz de fief et autres droitz et devoirs
seigneuriaulx escheuz par le trespas du feu sʳ de Proisy, pour
raison de la seigneurie de Rimeffault, tenue du Roy à cause de
la seigneurie et juridicion de Lannyon ou duchié de Bretaigne.
(434. — fol. 93 vᵒ.)

447. Lyon, 15 mai. — Commission à Jehanne du Reffuge,
vefve de feu Jehan de Dyesbach, et des heritiers d'icelluy de Dyesbach, pour prandre, lever et recevoir soubz la main du Roy
les fruictz, prouffitz, revenus et esmolumens de la seigneurie de
Vaulable, saisie soubz la main dud. sʳ. par la rebellion et
desobeissance commise par messire Charles de Bourbon, à la
charge d'en rendre bon compte et reliqua par lesd. vefve et
heritiers, quant et à qui il appartiendra. (442. — fol. 96.)

448. Lyon, 16 mai. — Pour monsʳ de Negrepelice don de la
charge et cappitainerie de L lances fournies des ordonnances, du
nombre de celles dont avoit la charge et conduicte le feu mareschal de Foix. (437. — fol. 94 vᵒ.)

449. Lyon, 16 mai. — Acquict au tresorier de l'Espargne de
la somme [de] quatre mil huit cens quatre vingtz huit livres
dix huit solz ordonnée au sʳ du Lude pour son remboursement
de pareille somme. (438. — fol. 95.)

450. Lyon, 16 mai. — Reliefvement de monstre pour Charles
de Billel..., Melchien, Benchart, homensches, et Geoffroy des
Molins, archier, pour les quartiers d'octobre, novembre et decembre, janvier, fevrier et mars mil vᵒ XXIII, dont la monstre fut
derrenierement à Monstreul. (439. — fol. 95.)

451. Lyon, 16 mai. — Acquict au tresorier de l'Espargne pour bailler et delivrer à mons^r d'Aubigny la somme de xv cens escuz soleil que Madame lui a donnez pour lui ayder à payer partie de sa rençon et autres fraiz qu'il luy a convenu faire en son derrenier voyaige d'Italie. (448. — fol. 97 v°.)

452. Lyon, 16 mai. — Acquict au tresorier de l'Espargne pour payer et bailler à mons^r de Bryon la somme de six mille livres tournoys des deniers qu'il recevra du receveur ordinaire de Poictou, provenans des garimens, reliefz, parages, pars prenans et rencontres advenuz et escheuz par le trespas du feu s^r de la Tremoille, auquel s^r de Bryon mad. Dame en a fait don. (453. — fol. 99.)

453. Lyon, 17 mai. — Pour messire Philippes Ondor, aulmosnier de Madame, la chantrerie et prebende de Sainct-Nicolas de Monlusson, à present vaccant par le trespas de feu maistre Jehan Paillart. (447. — fol. 97 v°.)

454. Lyon, 18 mai. — Don à Jehanne du Reffuge et heritiers de feu Jehan de Dyesbach, chascun par moictié, de tout le revenu, prouffit et esmolument de la terre et seigneurie de Voudable en Auvergne, ses appartenances et deppendences, à quelque somme, valleur et estimacion que ce puisse monter, à commancer du jour du trespas dud. feu Jehan de Dyesbac, en payant les fiefz, aulmosnes, gaiges d'officiers et autres charges ordinaires, à icelluy revenu avoir et prandre par les mains du receveur ordinaire dud. Voudable. (443. — fol. 96 v°.)

455. Lyon, 18 mai. — Acquict au tresorier de l'Espargne pour payer à maistre Gilles de Commacre ses gaiges et droitz de l'office de secretaire à gaiges pour deux années finies le douziesme de febvrier derrenier passé, et doresenavant cy après, tant qu'il tiendera led. office. (444. — fol. 97.)

456. Lyon, 18 mai. — Don des gaiges de l'office de cappitaine d'Arques à Perot Douarty, à compter au jour du trespas du feu bastard de Vendosme, son predecesseur oud. office, jusques au jour de son institucion. (445. — fol. 97.)

457. Lyon, 18 mai. — Povoir à maistre Jehan de Calvimont pour exercer l'office de garde des sceaulx de la chancellerye de Bordeaulx jusques à ce que Loys de Sainct-Gelays, myneur, soit en aaige d'exercer led. office. (449. — fol. 98.)

458. Lyon, 18 mai. — Pour Barroys des Barres, s^r des Barres et de Benegon, conseillier et maistre d'Ostel ordinaire du Roy, l'office et cappitainerie des ville et chastel de Crozant, assiz au pays de Combraille, vaccant par le trespas de feu Robert du Mas, s^r de l'Isle. (450. — fol. 98.)

459. 18 mai. — Acquict au tresorier de l'Espargne de la somme de deux mil six cens cinquante livres tournoys pour bailler à Robert Barracte, commys au payement des gaiges des presidens, conseilliers et autres officiers de la court des aydes de Rouen, pour convertir ou faict de sa commission. (451. — fol. 98 v°.)

460. 18 mai. — Pour Guillaume du Beuz place de religieux lay en l'abbaye de Reaulmont, ou diocese de Senlis. (452. — fol. 98 v°.)

461. Lyon, 18 mai. — Pour maistre Jehan Spifame, licencié ès loix, don de l'office de greffier des Comptes à Paris, vaccant par la resignacion que en a faicte à son proffit maistre Estienne le Blanc. (533. — fol. 116 v°.)

Catalogue des actes de François Ier. T. I, n° 2155.

462. Saint-Just, 20 mai. — Pour maistre André Verjus, conseillier du Roy en sa court de Parlement, l'office de president des Enquestes, vaccant par le trespas de feu maistre Philippes Pot. (459. — fol. 100.)

463. Lyon, 20 mai. — Acquit au tresorier de l'Espargne de la somme de vii^m v^c livres tournoys ordonnée par Madame à mons^r le tresorier Coctereau, pour son remboursement de pareille somme par luy prestée au Roy en l'année mil cinq cens vingt troys, dont acquict avoit esté expedié pour lever lad. somme par descharge, lequel, au moyen de l'ordonnance derreniere, n'a sorty effect, à icelle somme avoir et prendre sur les deniers et plus valleurs de la charge de Languedoc de l'année v^c xxiiii. (460. — fol. 100 v°.)

464. Lyon, 20 mai. — Pour maistre Jacques le Bel, clerc du diocese d'Amyens, la chanoinie et prebende de Nostre-Dame du Puy en Anjou, du diocese de Poictiers, vaccant par inhabilité de maistre Guillaume Marchebone, derrenier·possesseur d'icelluy. (534. — fol. 116 v°.)

465. Lyon, 21 mai. — Acquict au tresorier de Provence pour payer et bailler à maistre Baltazar Jarente, president des Comptes de Provence, la somme de mil escuz d'or soleil pour son remboursement de pareille somme qu'il a prestée au Roy, et ce des deniers provenans des lotz, ventes, amendes et restes de comptes. (456. — fol. 99 v°.)

466. Saint-Just, [21 mai]. — Pour le cappitaine Imbault de Rivoyre·l'office de garde des salins de Peccays, vaccant par le trespas de feu Philebert Rivoire, son frere. (457. — fol. 100.)

467. Saint-Just, [21 mai]. — Pour Loys de Rivoire retenue de l'ung des cent gentilzhommes de la maison du Roy, soubz la charge du vidame de Chartres, vaccant par le trespas de feu Philebert de Rivoire. (458. — fol. 100.)

468. Lyon, 22 mai. — Acquict au bailly de Berry pour faire bailler à maistre Pierre d'Apestegny, receveur general des finances extraordinaires et parties casuelles, la somme de iii^m l. t. du revenu du temporel de l'archevesché de Bourges, par Jehan Peny, commis à la recepte dud. temporel, et jusques à ce qu'il y ait arcevesque paisible. (455. — fol. 99 v°.)

469. Lyon, 23 mai. — Don à Charles de Chabannes et autre heritiers de feu mons^r le mareschal de Chabannes de tout le revenu, fruictz, proffitz et emolumens de la baronnye de Marcueur, depuis le saisissement qui en fut fait jusques à l'heure presente. (454. — fol. 99.)

470. Lyon, 24 mai. — Pour maistre Henry le Scieur presentacion de la cure de Saincte-Magdeleine de Noyon, par droit de regale. (473. — fol. 103.)

471. Lyon, 24 mai. — Pour maistre Charles de Hangest, evesque de Noyon, don de tous et chascuns les fruictz du temporel dud. evesché advenuz et escheuz en regalle, appartenans au Roy. (474. — fol. 103.)

472. Lyon, 24 mai. — Pour les heritiers de feu Philippes du Croset don de tous et chascuns les droitz de lotz et ventes et autres droiz et devoirs seigneuriaulx quelzconques, deuz et escheuz et qui povoient compecter et appartenir à feue madame de Bourbon, dame de Beaujeuloys, tant pour raison et à cause de l'acquisition faicte par led. feu du Croset d'ung pré nommé le Pré Sallin, assis près de Villefranche en Beaujeuloys, que par la vendicion depuis par luy faicte dud. pré. (528. — fol. 114 v°.)

473. Lyon, 25 mai. — Pour le s^r de la Roche du Maine la charge, cappitainerie et conduicte de XL lances, c'est assavoir trente de celles de feu mons^r d'Alençon, et dix de celles de feu mons^r le Grant-Maistre. (472. — fol. 103.)

474. Lyon, 26 mai. — Acquict adressant au tresorier de l'Espargne pour faire payer par le tresorier general de Bretaigne à Françoys du Chastel, s^r dud. lieu, la somme de mille livres dont Madame luy a fait don, à prendre sur les deniers provenans du rachapt du feu s^r de Juetz. (461. — fol. 100 v°.)

475. Lyon, 26 mai. — Semblable acquict pour le s^r de Gue negat de la somme de cinq cens escuz, des deniers provenans du rachapt du feu s^r de Kerymach. (462. — fol. 101.)

476. Lyon, 26 mai. — Pour mons' le conte de Villars, Claude Tende, la charge, cappitainerie et conduicte de lx lances du nombre de celles dont souloit avoir la charge feu mons' le Grant-Maistre, son pere. (471. — fol. 102 v°.)

477. Lyon, 28 mai. — Acquict aux gens des Comptes à Moulins pour par le tresorier de Bourbonnais faire payer, bailler et delivrer aux trente mortespayes du chasteau de Chantelle la somme de c s. t. pour chascun desd. mortespayes, à commancer le premier jour de janvyer derrenier passé, et led. payement se fera de troys moys en troys moys. (463. — fol. 101.)

478. Lyon, 28 mai. — Pour maistre Gaillart Spifame don de l'office de notaire et secretaire du Roy, à bourse, vaccant par la resignacion que en a personnellement faicte au prouffit dud. Spifame maistre Jehan Carré. (475. — fol. 103 v°.)

479. Lyon, 28 mai. — Pour luy commission à tenir le compte et faire le payement des fraiz et despences extraordinaires des guerres de deça et dela les mons. (476. — fol. 103 v°.)

480. Lyon, 28 mai. — Pour Loys de Bueil, s' de Coursillon, don des fruictz du temporel de l'arcevesché de Bourges depuis le saisisement d'icelluy jusques au jour du trespas de feu maistre Françoys de Bueil, esleu arcevesque dud. Bourges, en promectant par led. de Bueil de desdomager et faire tenir quicte envers les autres coheritiers dud. arcevesque Jehan Penyn qui a eu charge de l'administracion dud. temporel. (477. — fol. 103 v°.)

481. Lyon, 28 mai. — Pour maistre Jehan Carré don de l'office de receveur general de Normandie aux gages de xv° livres et v° l. t. de pension, et aux honneurs etc., vaccant par la pure et simple resignacion que en a personnellement faicte en ses mains maistre Gaillart Spifame. (478. — fol. 104.)

482. Lyon, 28 mai. — La charge et commission de tresorier de l'extraordinaire de la guerre pour maistre Gaillart Spifame, vaccant par la resignacion dud. maistre Jehan Carré à son proffit. (479. — fol. 104.)

483. Lyon, 28 mai. — Pour messire Jacques Mynet, second president de Bourdeaulx, l'office de premier president de Thoulouse, vaccant par le trespas de feu maistre Pierre de Sainct-André. (486. — fol. 105.)

484. Lyon, 28 mai. — Pour Pierre de Caresquances l'office de peseur et garde des pois de Montpellier, vaccant par la pure et simple resignacion de Marçal de Caresquances, faicte par procureur. (489. — fol. 105 v°.)

485. Lyon, 28 mai. — Homage fait à Madame, regente en France, par mons^r de Vendosme, des terres et seigneuries qu'il luy sont advenuz par le trespas de feu mons^r d'Alençon, à cause de madame sa femme, seur dud. s^r d'Alençon. (490. — fol. 106.)

486. Lyon, 28 mai. — Don à mons^r de Vendosme de tous les droitz de rachaptz, reliefz et autres droitz et devoirs seigneuriaulx qu'il pourroit devoir à cause desd. terres et seigneuries. (491. — fol. 106.)

487. Lyon, 29 mai. — Pour maistre Michel Baudry la scollastrie et prebende de Coustances, vaccant par le trespas de feu maistre Pierre de Chasteaupers. (487. — fol. 105 v°.)

488. Lyon, 30 mai. — Acquict à maistre Gaillart Spifame, tresorier de l'extraordinaire, de la somme de troys mil troys cens quatre vingtz dix huit escuz d'or soleil, à quarante solz six deniers piece, pour le remboursement des fraiz, mises et despences que a faiz en Engleterre messire Jehan Johacquin. (548. — fol. 119.)

489. Lyon, 30 mai. — Autre acquit à luy de la somme de II^c XXII l. XV s. t. pour icelle bailler et delivrer comptant à Xristofle d'Arresse, huissier ordinaire de l'Ostel du Roy, auquel mad.

Dame l'a ordonnée pour le recompenser des services qu'il a faiz au Roy en la charge et commission qu'il eut, l'année derniere, de la conduite de la bande des pons à bateaulx qui furent droissez en l'armée de Provence pour resister à la descente des ennemys, et autrement en plusieurs charges là où il a esté employé, et aussi pour luy ayder à supporter les pertes et dommaiges qu'il a eues et soustenues à l'execucion desd. charges durant cinq moys et demy entiers. (576. — fol. 126.)

490. Lyon, mai. — Lectres de chartre, permission et octroy à messire Jehan de Lugny, chevalier, seigneur et baron de Ruffey et bailly de Chaalon sur la riviere de Saonne, de faire construyre et ediffier sur bateaulx troys moulins en la riviere de Douise, bras de la riviere de Saonne, et iceulx attacher au pont de lad. riviere, et en temps de seicheresse les mener ou faire mener en la mere eaue de lad. riviere de Saonne, en lieu non empeschant le cours et navigaige d'icelle, en tenant lesd. moulins par led. de Lugny en fief et hommaige du Roy, en luy payant chascun an, à sa recepte ordinaire dud. Chaalon, cinq solz tournoys tant seullement. (436. — fol. 94.)

491. Lyon, mai. — Pour messire Gaspart Sermaur et Jehan Baptiste Sermaur, son filz, de Millan, lectres de naturalité et congié de tester, avec le don de finances. (484. — fol. 105.)

492. Lyon, mai. — Pour maistre Blaise de Tigursis [1], natif de Pavye, lectres de naturalité et congié de tester et tenir benefices, avec le don de la finance. (485. — fol. 105.)

493. Lyon, mai. — Pour mons^r le duc de Longueville, s^r de Montreul-Bellay, admortissement de la somme de cent livres tournoys de rente aux chanoynes et chappitre de l'eglise collegialle dud. lieu de Montreul-Bellay, pour une messe cothidianne fondée en leur eglise par feue dame Jehanne de Harcourt, avec le don de finance. (505. — fol. 109 v°.)

---

[1] *Ou* Tignosis?

Juin.

494. Lyon, 1ᵉʳ juin. — Acquict à maistre Gaillart Spifame, tresorier de l'extraordinaire des guerres, de la somme de deux cens l. t., c'est assavoir à Jacques Arnoul vɪɪˣˣ l. t. et à Jehan et Montallault soixante livres pour leurs payées et sallaires d'avoir assisté aux monstres et reveues qui ont esté faictes, de l'année passée et presente, de partie des gens de pyé estans dela les monts. (602. — fol. 132 v°.)

495. Lyon, 2 juin. — Surceance de faire le serement de fidelité pour l'arcevesché de Cahours pour messire Paoul du Carret, durant ung an, commançant au jour de semblable surceance qu'il a cy devant eue. (488. — fol. 105 v°.)

496. Lyon, 2 juin. — Pour Estienne ....., prestre, don de la prebende et chanoinie de Vernueil vaccant par la resignacion que en a faicte maistre Jaques Jamayn, par son procureur sur ce souffisamment fondé. (494. — fol. 107.)

497. Lyon, 2 juin. — La chappelle de Saincte-Croix en l'eglise collegialle Sainct-Hildebert de Gournay pour maistre Hector le Test, vaccant par le trespas de feu maistre Jaques Thierrie, escuyer, à la collacion du droit, à cause de la garde noble de monsʳ de Longueville. (504. — fol. 109.)

498. Saint-Just, 4 juin. — Brevet à Anthoine de la Rochechandry, sʳ de Bernon, du don de la terre et seigneurie de Perreux en Beaujeuloys, qui souloit appartenir à messire Charles de Bourbon, escheue au Roy par la confiscation dud. de Bourbon, avecques le don des fruictz de lad. seigneurie durant le temps qu'elle sera soubz la main du Roy.

Plus une commission pour regir le revenu de lad. seigneurie durant le temps qu'elle sera soubz la main du Roy. (493. — fol. 106 v°.)

499. Saint-Just, 6 juin. — Pour messire Claude du Cloux la prebende de Nostre-Dame de Laval en Forestz vaccant par le trespas de messire Jehan Maçon. (498. — fol. 107 v°.)

500. Lyon, 7 juin. — Pour maistre Jehan le Maire presentacion à la cure de Saincte-Marie d'Esquinboustz, ou diocese de Rouen, appartenant au Roy à cause de la garde noble des enffans myneurs de mons^r de Longueville, et la collacion à mons^r l'arcevesque de Rouen, vaccant (par) lad. prebende par la resignacion, faicte par procureur, de maistre Florentin d'Allouville. (497. — fol. 107 v°.)

501. Lyon, 7 juin. — Pour Pierre de Callac l'office de clerc, notaire et secretaire des Comptes en Bretaigne vaccant par la pure et simple resignacion qu'en a faicte par procureur maistre Jehan Thoumelin. (499. — fol. 108.)

Catalogue des actes de François Ier. T. I, n° 2166.

502. Lyon, 7 juin. — Pour Jehan du Fresne l'office de receveur des fouages et impostz ou diocese de Dol, vaccant par la pure et simple resignacion que en a faicte à son proffit Pierre de Callac, par son procureur sur ce souffisamment fondé. (506. — fol. 109 v°.)

503. Lyon, 8 juin. — Acquict au tresorier de Provence de la somme de neuf cens vingt quatre l. t. des deniers qu'il a receuz depuis le trespas de feu mons^r le Grant-Escuyer, des terres et revenuz qu'il tenoit en Provence, de laquelle somme Madame a fait don à Constance du Carret, vefve dud. Grant-Escuyer. (496. — fol. 107 v°.)

504. Lyon, 8 juin. — Don de garde noble à Catheline Vipar, vefve de feu Richart Nuée, et à Thomas Nuée, prestre, frere dud. deffunct, des enffans myneurs d'ans d'icelluy deffunct. (501. — fol. 108 v°.)

505. Lyon, 9 juin. — Don des greniers de Nevers, Desice, Mollins, lez Angilbers, Lusi, Sainct-Saulge, Clamecy, de Dreux, de Villemor et Arciz sur Aulbe, et chambres à sel d'i-

ceulx, pour Marie d'Albret, contesse de Nevers, et s^r de Lautrec, à commancer le premier jour d'octobre derrenier passé,
avec ce qui est escheu depuis le trespas du feu s^r d'Orval,
à icelluy revenu avoir et prandre par lesd. Marie d'Albret
et s^r de Lautrec par moictié et esgalle portion. (502. — fol.
108 v°.)

506. Lyon, 9 juin. — Don à Marie d'Albret, contesse de Nevers, et au s^r de Lautrec de la composicion du conté et pays de
Rethelloys, montant à la somme de cinq mille livres pour ceste
presente année, commançant le premier jour d'octobre derrenier
passé et finissant le derrenier jour de septembre prochain
venant, ensemble ce qui est escheu depuis le trespas du feu
s^r d'Orval, à icellui revenu avoir et prandre par lesd. Marie
d'Albret et s^r de Lautrec par moictié et esgalle portion. (503.
— fol. 109.)

507. Lyon, 10 juin. — Pour Jehan Palacio, espaignol, retenue
de la place d'ung des cent gentilzhomes, ou lieu et place de
Jaques Roussart, en la bende de mons^r le Grant-Seneschal. (500.
— fol. 108.)

508. Lyon, 10 juin. — Pour messire Pierre Terrien, chappellain de Madame, la prebende et chanoinie de l'eglise collegialle de Montfalcon vaccant par le trespas de Henry Jacob.
(508. — fol. 110.)

509. Lyon, 10 juin. — Acquict au changeur du Tresor de la
somme de iii^c l. t. que Madame a donnée au s^r de Pied de Fou,
provenans des garimens, paraiges, rencontres et pars'prenans
advenuz au Roy par le trespas du feu s^r de la Tremoille, et ce
en recompense de semblable somme qu'il doit à cause de sa
terre et seigneurie de Montchampt, par le'rachapt dud. feu s^r de
la Tremoille. (509. — fol. 110 v°.)

510. Lyon, 10 juin. — Acquit à maistre Gaillart Spifame,
tresorier de l'extraordinaire des guerres, [de] la somme de
iiii^c xlviii l. vi d. t.. laquelle somme Madame a ordonnée

à maistre Jacques Colin pour son remboursement de semblable somme qu'il a frayée et desboursée du sien pour
e service et affaires du Roy, tant pour le payement des
chevaulx de postes, sallaires des guides que autres fraiz qu'il
uy a convenu faire à ung voyaige qu'il a faict en dilligence
au moys de fevrier derrenier passé, par commandement du duc
d'Albanye, chef de l'armée qui a esté droissée pour le recouvrement du royaume de Naples, partant de Rossillon pres
Rome, venant devers mad. Dame en ceste ville de Lyon luy apporter lectres dud. duc d'Albanye touchant le faict de lad.
armée, comme plus amplement est contenu ès parties de ce fai-
sans mencion. (575. — fol. 125 v°.)

511. Lyon, 12 juin. — Pour Jehan du Val, le Jeune, l'office
de secretaire du Roy, du membre des gaiges, vaccant par la resignacion que en a faicte à son proffit, par procureur, maistre
Claude Brachet. (507. — fol. 110.)

512. Lyon, 12 juin. — Acquit au changeur du Tresor de la
somme de dix sept cens livres tournoys qu'il recevra du receveur ordinaire de Poictou des lotz et ventes et autres devoirs
seigneuriaulx escheuz et qui escherront cy après au Roy aud.
conté de Poictou, donnée au prince de Tallemont, s^r de la Tremoille, pour luy ayder à supporter les fraiz, mises et despenses
qu'il luy a convenu faire au voiage derrenier de dela les montz.
(518. — fol. 112 v°.)

513. Lyon, 12 juin. — Acquit au tresorier de l'Espargne pour
bailler comptant à Vincent Grisle, facteur et compaignon de
Benedict Paule de Nagre, la somme de mil escuz soleil à luy
ordonnée pour le payement et remboursement de semblable
somme que le conte Saubalde de Flisco a prestée au Roy, luy
estant à Gennes. (526. — fol. 114.)

514. Lyon, 14 juin. — Pour maistre Guillaume Mathieu don
de l'office de greffier en l'eleccion de Montivillier, vaccant par
le trespas de feu Robert Deschamps. (574. — fol. 125.)

515. Lyon, 16 juin. — Pour Françoys d'Ey l'office d'esleu à Laon, vaccant par le trespas de feu maistre Gobert Doulcet. (510. — fol. 110 v°.)

516. Lyon, 16 juin. — Pour Ysabeau de la Hogue garde noble des enffans myneurs d'ans delaissez par feu Jehan Mellissant et elle. (512. — fol. 111.)

517. Lyon, 16 juin. — Acquict aud. Spifame de la somme de iiii^{xx} ii^{m} six livres dix solz deux deniers tournoys des quartiers de juillet, aoust et septembre, octobre, novembre et decembre prochains venant, par moictié et egalle porcion, lad. somme ordonnée au s^r Theodore de Trevulse, pour le rembourser de semblable somme qu'il a fournye pour les affaires du Roy. (549. — fol. 119 v°.)

518. Lyon, 19 juin. — Pour le s^r Paule Camille de Trevoulx don de la baronnye, terre et seigneurie de Sainct-Supplice en Languedoc, avecques toutes ses appartenances et deppendences, soit en justice et juridicion et autres choses, pour en joyr par led. s^r Camille doresenavant par chascun an, sa vie durant, à commancer au ....., en payant par luy les fiefz, aulmosnes, droiz et autres charges ordinaires anciennement estans sur lad. baronnye. (513. — fol. 111.)

519. Lyon, 19 juin. — Pour René d'Anglure, chevalier, chambellan ordinaire du Roy, viconte d'Estanges, don de la chastellenye, terre et seigneurie du Pont-Saincte-Mezance avecques toutes ses appartenances et deppendences ainsi qu'elles se comportent et estendent, pour en joyr par led. viconte d'Estanges doresenavant par chascun an, durant sa vie, en payant touteffoiz par led. viconte les fiefz, aulmosnes et autres charges etc. (514. — fol. 111 v°.)

520. Lyon, 19 juin. — Acquit au receveur general des finances ès pays et duché de Bourgoigne, maistre Benigne Serre, de la somme de mille livres tournoys donnée au s^r Julles de Sainct-

Sevrin pour son remboursement de pareille somme receue par
ed. receveur general du revenu des terres et seigneuries d'Argilly,
Pontellu et Gloues, des quartiers d'octobre, novembre et decembre,
janvier, fevrier et mars derreniers passez, desquelles terres
e Roy luy en a par cy devant fait don jusques à la somme de
mille l. t. par an. (515. — fol. 111 v°.)

521. Lyon, 19 juin. — Pour mons^r le cardinal de Trevolse
main-levée du temporel, fruictz et revenu de l'abbaye de Sainct-
Victor de Marseille pris et mis en la main du Roy durant le
temps du saisissement et main-mise de lad. abbaye, et quant ès
deniers qui ont esté receuz de par led. s^r, en contraindre ceulx
qui en auront esté commis, par prinse et saisissement de leurs
biens et autres voyes. (516. — fol. 112.)

522. Lyon, 19 juin. — Acquit au tresorier de l'Espargne,
maistre Guillaume Preudhomme, contenant que, en ensuivant
l'acquit expedié sur maistre Jehan Prevost, cy devant tresorier
de l'extraordinaire des guerres, actaché aud. acquit, soubz le petit
seel, il ait à payer, bailler et delivrer comptant au s^r de Lautrec, conte de Comminge, la somme de seize mille quatre vingtz
deux livres dix solz sept deniers obole tournoys pour son remboursement de pareille et semblable somme qu'il a baillée tant
en or, argent que vaisselle livrée et mise au tresorier Maigret,
lors tresorier de l'extraordinaire desd. guerres, pour fournir aux
affaires d'icelluy. (517. — fol. 112.)

523. Lyon, 19 juin. — Acquict au tresorier de l'Espargne pour
bailler ou faire bailler par le changeur du Tresor ou telz receveurs generaulx qu'il advisera, des deniers du quartier de juillet,
aoust et septembre prochain venant à mons^r le duc de Savoye
la somme de douze mil livres tournoys pour son estat et pension
de ceste presente année, commencée le premier jour de janvier
derrenier passé. (519. — fol. 112 v°.)

524. Lyon, 19 juin. — Pour maistre René Brinon don de
l'office de conseiller clerc en la court de Parlement à Paris que

nagueres souloit tenir feu maistre Philippes Pot, vaccant à pre
sent par son trespas. (520. — fol. 113.)

525. Lyon, 19 juin. — Acquit aux receveurs comptables de
a maison de Bourbon de la somme de quinze cens livres donnée
à maistre Jehan Chanteau, maistre des Comptes à Moulins, pour
son remboursement d'argent presté à feue madame de Bourbon.
(521. — fol. 113.)

526. Lyon, 19 juin. — Pour maistre Jehan d'Aultry, dit de
Nevers, l'office de grenetier du grenier à sel de Sainct-Pierre le
Mostier, et chambre à sel de ....., vaccant par le trespas de feu
maistre Guyon Bourgoin, derrenier possesseur d'icelluy. (522.
— fol. 113.)

527. Lyon, 19 juin. — Acquit au tresorier de Forestz, Noël
du Croset, de la somme de quatre mille livres tournoys pour
son remboursement de la pension qu'il souloit avoir de la
maison de Bourbon et pour luy ayder à supporter les fraiz qu'il
luy a convenu faire au service du Roy. (523. — fol. 113 v°.)

528. Lyon, 19 juin. — Pour Charles de Boulaynvillier, conte
de Rossillon, exemption de ban et arriere ban durant sa vie.
(524. — fol. 113 v°.)

529. Lyon, 19 juin. — Pour Catherine d'Amboyse, femme du
s^r de Lynieres, don des droictz de rachaptz, quintz, requintz,
deniers, prouffitz de fiefz et autres droiz et devoirs seigneuriaulx
deuz et escheuz au Roy par le trespas de feu Georges d'Amboyse,
s^r de Chaulmont, pour raison de lad. chastellenye, terre et seigneurie de Chaulmont, tenue et mouvant du conté de Bloys.
(538. — fol. 117 v°.)

530. Lyon, 19 juin. — Pour autre don de semblables droiz
par le trespas dud. feu s^r de Chaulmont, pour raison de la seigneurie de Vigny, tenue et mouvant à cause de ..... de Mente.
(539. — fol. 117 v°.)

531. Lyon, 19 juin. — Pour elle autre semblable don advenuz
par le trespas dud. feu s^r de Chaumont, pour raison de la chas-

tellenie, terre et seigneurie de Vaudemont, tenues à cause du conté de Champaigne. (540. — fol. 117 v°.)

532. Lyon, 19 juin. — Pour elle souffrance et terme d'ung an prouchainement venant de faire les foy et hommaige qu'elle est tenue faire à cause de lad. chastellenie et seigneurie de Vaude-mont, mouvant dud. conté de Champaigne, pourveu que cependant elle payera les devoirs qui pour ce seront deuz au Roy. (541. — fol. 118.)

533. Lyon, 19 juin. — Pour [elle] autre semblable souffrance, pour tel temps, de lad. seigneurie de Vigny, à cause du ..... de Mente. (542. — fol. 118.)

534. Lyon, 19 juin. — Pour elle autre semblable souffrance, pour ung tel temps, de faire les foy et hommaige de lad. chastel-lenie, terre et seigneurie de Chaulmont, à cause du conté de Bloys. (543. — fol. 118.).

535. Lyon, 20 juin. — Presentacion de la cure de Nostre-Dame de Trosmontz, du diocese de Bayeulx, pour Guillaume Rohier, cler et chantre ordinaire de la chappelle de Nostre-Dame, vaccant par le trespas de feu maistre Pierre du Vivier, et ce à cause de litige. (546. — fol. 118 v°.)

536. Lyon, 20 juin. — Autre acquit à luy[1] de la somme de II^m xxv l. t. en mil escuz d'or au soleil, à raison de XL s. VI d. piece, pour la bailler comptant aud. Grimalde pour son remboursement de semblable somme qu'il a desboursée en la ville de Venise par l'ordonnance verbaille du s^r de Montmo-rancy, qui estoit lors ambassadeur dud. s^r, et icelle mise ès mains de Rancé de Cere pour les affaires dud. s^r; et mesmement au payement de certains voyaiges qu'il a fetes en dilligence et sur chevaulx de poste dud. Venise à Sainct-Germain en Laye pour apporter nouvelles, que autrement. (578. — fol. 127.)

---

1. *Lisez :* au trésorier de l'extraordinaire des guerres. — Voir n° 541.

537. Lyon, 20 juin. — Autre acquit à luy de la somme de xiie lxxiiii l. iii s. t. pour les bailler comptant à Jehan de Cournarque, c'est assavoir iiii^c xl l. t. pour ses peines et vaccations d'avoir vacqué l'espace de unze moys entiers au fait des victualles neccessaires pour l'armée de dela les monts, dont avoit la charge et conduicte le feu s^r de Bonnyvet, admiral de France, desquelz vivres led. Cournarque a fait la recepte et distribucion. (579. — fol. 127 v°.)

538. Lyon, 21 juin. — Pour maistre Jehan Moynardeau l'abbaye et prebende de Sainct-Sepire de Corbeil, vaccant par le trespas de maistre Denis Morain. (525. — fol. 113 v°.)

539. Lyon, 22 juin. — Pour Jehan Morvable l'ospital et Maison-Dieu de Moret, vaccant par la resignacion de maistre Pierre Clerisseau. (527. — fol. 114.)

540. Lyon, 23 juin. — Autre acquit aud. tresorier de l'extraordinaire de la somme de ii^m v^c iiii^{xx} ii l. iiii s. t. pour les bailler comptant à Octovian Grimalde, laquelle somme lùy a esté ordonnée pour son remboursement de xii^c iiii^{xx} ii l. iiii s. qu'il a payée de ses denyers, tant pour le payement de certaine quantité de vin, advoyne et autres choses qu'il a achaptée pour la nourriture des gens et chevaulx qui estoient à Millan pour le service du Roy, aussi pour le parfaict de la soulde de certain nombre de gens de pié soubz la charge du s^r Doria et pour les postes et espies qu'il a envoyées en la Ligue grise et ailleurs pour le faict d'icelle armée, ainsi qu'il appert par les menues parties de ce faisant mencion, signées du s^r Theode de Trevoulse, et pour la somme de quatorze cens livres deue aud. Grimalde pour les gaiges de son office de general de iiii moys entiers qu'il a excercé led. estat, dont il n'a peu estre payé pour les grans affaires qu'il lors estoit en France. (577. — fol. 126 v°.)

541. Lyon, 24 juin. — Pour Ferrant de Mervillier presentacion à la cure de Sainct-Leonard de Cornelingue, diocese de

Rouen, vaccant par le trespas de maistre Guillaume Raymbert. (529. — fol. 114 v°.)

542. Lyon, 26 juin. — Pour mons^r de Sainct-Paul commission pour, sur la main du Roy, regir et gouverner les conté de Clermont en Auvergne, terres et seigneuries de Vouldable, Roanaye, Montagu, Dioux, les Combraille et la tour de la Bussiere lez Montpencier, leurs membres, appartenances et deppendances, et d'icelles prendre et faire prendre, cueillir et percevoir par ses gens, procureurs, receveurs et entremecteurs de ses negoces ou autres que bon lui semblera, les fruictz, prouffitz, revenuz et emolumens, aussi y commectre, depputer et ordonner de par le Roy les officiers et en oster et lever ceulx qui y sont à present, si bon luy semble, et que ce soit pour le bien et prouffit dud. s^r, et aussi contraindre et faire contraindre tous ceulx qu'il appartiendra, reaulment et de fait, nonobstant opposicions ou appellacions quelzconques, par toutes voyes et manieres deues et acoustumées pour les propres debtes et affaires du Roy, à luy bailler et delivrer et mectre entre ses mains ou de ses gens tout le revenu desd. terres, escheu dès le commenchement de lad. main-mise jusques à present, et doresnavant par cy après durant le temps de lad. main-mise et empeschement. (531. — fol. 115 v°.)

543. Lyon, 26 juin. — Pour Jaqueline de Moria lectres de naturalité et permission de tenir le prieuré d'Izié en Lyonnois, nonobstant qu'elle soit natifve de Savoye, duquel prieuré elle a puis nagueres esté pourveue par la resignacion que en a faicte à son proffit dame Peronnette de Teney. (532. — fol. 116.)

544. Lyon, 26 juin. — Don à Henry de Lenoncourt, bailly de Vetry, des droitz de rachaptz deuz et escheuz au Roy par le trespas de feu Hugues de Brie, pour raison de la seigneurie de Nanptueil, tenue dud. s^r à cause de son chastel de Crepy en Valloys. (536. — fol. 117.)

545[1]. Lyon, 27 juin. — Acquict au tresorier de l'Epergne pour
payer des deniers de son office du present quartier may et juing
et des quartiers de juillet, aoust et septembre, octobre, novembre et decembre prochainement venans, partie et egalle porcion
ou appoincter par ses quictances sur le changeur du Tresor et
receveurs generaulx qu'il advisera, la somme de xxvii^m l. t.
à payer à Guillaume le Sayne, tresorier et receveur general de
l'artillerie, pour convertir au faict de sa cherge. (530. — fol
115.)

546. Lyon, 25 juin. — Traicte pour messire Patris Wismes,
ambassadeur d'Escosse, pour faire tirer et emmener en Escosse
la quantité de deux cens tonneaulx de vin, franchement et quictement. (535. — fol. 116 v°.)

547. Lyon, 27 juin. — Pour Jehan d'Estouteville, s^r de Ville-
bon, bailly de Rouen, la charge et cappitainerie de trente et
deux lances des ordonnances, ou lieu de cent chevaulx legiers
qu'il avoit. (537. — fol. 117.)

548. Lyon, 29 juin. — Madame, mere du Roy, regente en
France, estant à Lyon, a donné et octroyé à Pierre de Heran-
court, s^r de Paroys, lieutenant de la compaignie de mons^r de
Guyse, l'aubenaige de la terre et seigneurie de Brusley, au bailliage de Chaumont, advenu et escheu au Roy par le trespas de
feu Passe-par-Greve, et a commandé luy en expedier lectres de
don à ce necessaires, declaracion prealablement faicte par justice.
(550. — fol. 120.)

549. Lyon, 30 juin. — Pour Bertrand d'Orvesan, baron de
Samblancurt, l'office de chastellain, viguier et cappitaine de
la ville et terre d'Aiguemortes et de la Carbonnerie, juge et
conservateur du port d'icelles, ensemble des mortes-payes et
garnisons y estant, vaccant par la resignacion personnellement
faicte de messire Charles du Solier. (544. — fol. 118.)

1. Article cancellé.

550. Lyon, 30 juin. — Presentacion d'une partie et portion de la cure Sainct-Gorgon, autrement Nostre-Dame d'Autremont, pour maistre Arthus de Fresnoye, vaccant par la resignacion de frere Pierre de Fontenay, à cause de permutacion que led. de la Fresnaye fait de la chappelle de Sainct-Jehan-Baptiste fondée en la basse chappelle de la maison episcopale de monsr de Paris. (547. — fol. 119.)

551. Lyon, 30 juin. — Pour maistre Adam Lormier l'office de commissaire et examinateur ou Chastellet et bailliage de Paris vaccant par le trespas de feu maistre Michel Chartier. (561. — fol. 122 v°.)

552. Lyon, 30 juin. — Permission aud. Lormier de resigner son office de notaire en Chastellet dedens six moys. (562. — fol. 122 v°.)

553. Lyon, juin. — Don à la vefve et enffans de feu Bernard Milhau de tous et chascuns les biens, tant meubles que immeubles, appartenans aud. Milhau, lesquelz avoient esté declerez confisquez au Roy. (493. — fol. 107.)

554. Lyon, juin. — Pour Mathurin Beheu, filz de Estienne Beheu, lectre de naturalité, en payant don de finance. (511. — fol. 111.)

JUILLET.

555. Lyon, 1er juillet. — [Acquict] aud. tresorier Spifame de la somme de quinze mille l. t. pour fournir à messire André Do-rye, cappitaine des galleres. (603. — fol. 133.)

556. Lyon, 4 juillet. — Pour maistre Jehan Pommereu l'office de clerc, notaire et secretaire du Roy, du nombre ancien des bourses (de la maison de France[1]), par la permutacion que maistre Gaillard Spifame, tresorier de l'extraordinaire des guerres, a faicte en personne au prouffit dud. Pommereu de son

1. Mots rayés.

office de clerc, notaire et secretaire dud. s^r., au membre des bourses ordinaires et la moictié de cellui des ....., avec celluy des gaiges. (545. — fol. 118 v°.)

557. Lyon, 4 juillet. — Pour René Petit, natif du pays de Poictou, pardon de ce qu'il a cy devant suyvy le feu s^r de Poinctiere et messire Charles de Bourbon, lesquelz s'estoient retirez devers l'Empereur, ennemi du Roy. (551. — fol. 120 v°.)

558. Lyon, 4 juillet. — Pour Anthoine et Pierre Juzien, freres, semblable pardon de ce qu'ilz ont esté et suyvy led. messire Charles de Bourbon. (552. — fol. 120 v°.)

559. Lyon, 5 juillet. — Pour maistre Pierre Anthoine l'office de maistre des Requestes ordinaire de l'Ostel du Roy vaccant par la promotion de maistre Jehan de Calvimont en l'office de second president de Bourdeaulx. (553. — fol. 120 v°.)

Catalogue des actes de François Ier. T. I, n° 2179.

560. Lyon, 7 juillet. — Pour mons^r de Lautrec povoir, faculté et puissance de nommer à tous et chascuns les offices royaulx estant en son conté de Retheloys et seigneuries et terres d'Ysles en Champaigne, assavoir Villemor et Arciz sur Aulbe, telz personnes suffisans et ydoines que bon luy semblera. (554. — fol. 121.)

561. Lyon, 7 juillet. — Pour Marie d'Allebret, contesse de Neyers et de Dreux, autre semblable povoir de nommer en sesd. contez de Nevers et de Dreux: (555. — fol. 121.)

562. Lyon, 7 juillet. — Pour mond. s^r de Lautrec don du revenu de la composicion dud. conté de Retheloys, montant à la somme de cinq mille livres, pour ceste presente année commençant le premier jour d'octobre derrenier passé, finissant le derrenier jour de septembre prouchain, ensemble de ce qui est escheu du revenu d'icelle composicion depuis le trespas de feu le s^r d'Orval, conte dud. Rethelloys, qui fut le xme jour de may v^c xxiiii, jusques au derrenier jour de septembre derrenier passé. (556. — fol. 121.)

563. Lyon, 7 juillet. — Pour mond. s^r de Lautrec don du revenu des greniers à sel de Villemoir et Arciz sur Aulbe, oud. pays de Champaigne, ensemble des admendes et confiscations qui y escherront durant l'année commençant le premier jour d'octobre derrenier passé, avecques ce qui est escheu du revenu d'iceulx greniers depuis le trespas de feue Françoise d'Allebret, contesse douhairiere de Nevers, dame desd. terres d'Ysles, qui fut le xx^mo jour de mars v° xxiiii, jusques au derrenier jour de septembre derrenier passé, à icelluy revenu, admendes et confiscations desd. greniers avoir par mond. s^r de Lautrec par les mains desd. grenetiers et par ses simples quictances. (557. — fol. 121 v°.)

564. Lyon, 7 juillet. — Pour mad. dame de Nevers semblable don du revenu des greniers establiz au pays de Nyvernoys, assavoir Nevers, Desire, Luzy, Molins, lez Angilbers, Clamecy et Sainct-Saulge, et pareillement du grenier à sel estably à Dreux ; ensemble les amendes et confiscations d'iceulx, durant lad. année commençant comme dessus, ensemble ce qui est escheu du revenu dud. grenier de Dreux depuis le trespas dud. s^r d'Orval, qui fut au temps que dessus. (558. — fol. 121 v°.)

565. Lyon, 7 juillet. — Pour elle souffrance de faire les foy et hommaige et faire le denombrement qu'elle est tenue faire au Roy, à cause de son conté de Nevers, tenu et mouvant neuement de la couronne de France, pour ung an, commençant au jour de ces presentes, pourveu que ce pendant elle payera aud. s^r les droitz et devoirs qui pour ce luy pourront estre deuz. (559. — fol. 122.)

566. Lyon, 7 juillet. — Pour elle autre semblable souffrance à cause de son conté de Dreux, tenu neuement de la couronne de France, pour semblable temps. (560. — fol. 122.)

Catalogue des actes de François Ier. T. I, n° 2180.

567. Lyon, 8 juillet. — Pour maistre Menault d'Arraing l'office de conseiller lay en la court de Parlement à Bourdeaulx, vaccant par le trespas de feu maistre Guillaume de la Vau. (563. — fol. 122 v°.)

568. Lyon, 10 juillet. — Pour maistre Mathieu Gollefer don de l'office de accesseur et lieutenant particulier du seneschal d'Auvergne, vaccant par le trespas de feu maistre Jehan Reynauld. (564. — fol. 123.)

569. Lyon, 10 juillet. — L'office de conseillier au Grant Conseil pour maistre Guy Breslay, vaccant par la promocion de maistre Pierre (en) Anthoine en l'office de maistre des Requestes. (565. — fol. 123.)

570. Lyon, 10 juillet. — Pour maistre Jehan Lescuyer don de l'office de conseillier clerc en la Court de Parlement à Paris vaccant par le trespas de feu maistre Philippes Pot. (567. — fol. 123 v°.)

571. Lyon, 10 juillet. — Pour maistre René Brinon l'office de conseillier lay en lad. Court vaccant par le trespas de feu maistre Guillaume Berthelemy. (568. — fol. 123 v°.)

572. Lyon, 10 juillet. — Pour maistre Françoys de Cambray l'office de conseillier clerc en la court de Parlement à Paris que souloit tenir feu maistre Guillaume Berthelemy, auquel office, depuis la promotion dud. Berthelemy en l'office de conseillier lay, n'avoit encores esté pourveu. (571. — fol. 124 v°.)

573. Lyon, 11 juillet. — Pour maistre Perrinet Parpallia, docteur en chascun droit, l'office de conseillier ou Grant Conseil vaccant par le trespas de feu..... de la Martonnye. (566. — fol. 123.)

574. Lyon, 12 juillet. — Pour mons^r de la Rochebeaucourt don de l'office de capitaine de Sainct-Jehan-d'Engely, vaccant par la pure et simple resignacion que en [a] personnellement faicte à son proffit Jehan du Plessis, dit Corcon. (570. — fol. 124.)

575. Lyon, 17 juillet. — Acquict au tresorier de l'Espargne de la somme de mille livres pour bailler à mons^r de Jarnac pour sa pension de l'année presente, commancée le premier jour de janvier derrenier passé. (572. — fol. 124 v°.)

576. Lyon, 17 juillet. — Pour Jehan le Dannoys, esleu sur le fait des aydes et tailles en l'election de Fallaise et contreroolleur du grenier à sel de Honnefleu, permission de tenir et exercer lesd. deux offices, nonobstant qu'elles sont incompatibles. (573. — fol. 125.)

577. Lyon, 17 juillet. — Quictance à monsʳ de Mascon de la somme de cinq mille cinq cens cinquante deux livres dix solz tournois des deniers par luy receuz du temporel et spirituel de l'evesché d'Ostun. (580. — fol. 127 v°.)

578. Lyon, 18 juillet. — Pour les conseilliers, manans et habitans de la ville de Lyon contraincte à messʳᵉ les generaulx pour contraindre reaulment et de fait, comme pour les propres affaires du Roy, les fermiers du tyraige du seel, vendeurs d'icellui et autres qui pour ce serònt à contraindre, à payer et delivrer ausd. conseilliers et commis l'ayde de ii s. vi d. t. pour quarte sel vendue, debitée ou eschangée en lad. ville et pays de Lyonnoys, en ce compris l'ayde de ix d. t. dont auroient ja permission, et ce pour le temps et terme de troys ans commençans au jour et date de l'octroy à eulx octroyé. (581. — fol. 128.)

Catalogue des actes de François Iᵉʳ. T. 1, n° 2189.

579. Lyon, 19 juillet. — Pour maistre Claude Pataran l'office de premier president de Lyon, vaccant par le trespas de feu maistre Hugues Fournier. (582. — fol. 128 v°.)

580. Lyon, 20 juillet. — Pour Guillaume Royer, chappelain de Madame, la cure de Nostre-Dame de Trosmons, vaccant par le trespas de feu maistre Pierre du Vivier, estant à la disposicion du Roy. (604. — fol. 133.)

581. Lyon, 22 juillet. — Pour maistre Nicolas Paingarolle l'office de conseillier lay à Rouen vaccant par le trespas de feu maistre Robert Surault. (583. — fol. 128 v°.)

582. Lyon, 22 juillet. — Lettres adressans à messʳˢ des Comptes par lesquelles leur est mandé que en oyant par eulx les

comptes de maistre Jaques Ragueneau, pour le fait de la decime,
ilz souffrent, consentent et permectent qu'il se puisse aydier de
trois acquictz que le Roy luy a fait expedier pour les parties et
ainsi qu'il est declaré en iceulx, et que toutes les sommes de deniers contenuz ès reolles et cayers expediez pour les fraiz dud.
decime soyent par eulx passez et allouez en vertu desd. lettres
ainsi qu'ilz verront estre [à faire] en leurs consciences. (587. —
fol. 129 v°.)

585. Lyon, 22 juillet. — Pour maistre Claude Patarin, premier president en la court de Parlement à Dijon, creue de gaiges
de la somme de deux cens l. t. par chascun an, oultre les
gaiges de unze cens cinquante l. t. et c L. l. t. de pension pour luy
parfaire la somme de xv° l. t. par chascun an. (598. — fol.
132.)

584. Lyon, 23 juillet. — Pour Perot de Ruthie l'office de
cappitaine et garde du lieu, place et chastel de Saint-Germain
en Laye, vaccant par le trespas du feu s^r de Rouville. (590. —
fol. 130 v°.)

585. Lyon, 24 juillet. — Pour le s^r Rence d'Acere don (pour
sa vie durant[1]) des chastel, terre et seigneurie de Terrascon en
Provence, avecques toutes et chascunes ses appartenances et de-
pendences, pour en joyr et user sa vie durant, commençant le
premier jour de ce present moys de juillet. (584. — fol. 128 v°.)

586. Lyon, 25 juillet. — Pour Jehan de la Palu, s^r de Bressac,
l'office de cappitaine et chastellain de Quittaleux, vaccant par le
trespas de feu Jehan de Granat. (593. — fol. 131.)

587. Lyon, 25 juillet. — Pour led. s^r de Bressac l'office de
cappitaine et chastellain de la tour de Cabaretz, vaccant par le
trespas dud. de Granat. (594. — fol. 131 v°.)

588. Lyon, 28 juillet. — Pour maistre Jehan Feu, docteur ès
droitz, l'office de president en la court de Parlement à Rouen,

_____

1. Passage cancellé.

vaccant par le trespas de feu maistre Jaques Bourdel. (589. — fol. 130.)

589. Lyon, 29 juillet. — Pour Philippes le Charpentier, fourrier de Madame, l'office de grainetier des grains de Villers-Costerest et de la Ferté-Millon, vaccant par le trespas de feu Jaques Racyne. (591. — fol. 130 v°.)

590. Lyon, 30 juillet. — Commission à Arthus Stolin, s^r de Launay, maistre d'Hostel du Roy, pour faire rendre compte tous ceulx qui ont eu charge de mener vivres et provisions des camps et armée dud. s^r, des deniers par eulx receuz et retenuz, des pays de Poictou, Xaintonge, Guyenne, Perigort, Thoulouse, Quercy, Ageneiz, Lymosin, Bazadès, Condomoys, Armaignac ; et en cas de reffuz, contraindre à mettre iceulx deniers ès mains du receveur general d'Apestigny, pour subvenir ès affaires d'icellui s^r. (585. — fol. 129.)

591. Lyon, 31 juillet. — Acquit au tresorier de l'Espargne pour faire par le receveur general de Picardie payer, bailler et delivrer comptant à mons^r le duc d'Albanye la somme de quatre mil sept cens soixante seize l. treize s. III d. t., à les prandre des deniers provenans des droitz de rachaptz et autres devoirs seigneuriaulx deuz au Roy ou gouvernement de Peronne et Roye. (588. — fol. 130.)

592. Lyon, 31 juillet. — Acquict au tresorier de l'Espargne pour faire payer par le receveur des exploictz et amendes de la court de Parlement à Thoulouse, à maistre Raymon Sabatier, procureur du Roy en lad. Court, la somme de III^c l. t. de pension, oultre ses gaiges, ainsi que souloit avoir et prendre son predecesseur, à commancer au jour de son institution et selon les estatz qui en seront faitz par le Roy ou par Madame. (592. — fol. 130 v°.)

593. Lyon, 31 juillet. — Acquict au tresorier de l'Espargne de la somme de cinquante mil l. t. pour bailler au tresorier de l'extraordinaire des guerres, maistre Gaillart Spifame, pour convertir au faict de sa commission. (601. — fol. 132 v°.)

594. Lyon, 31 juillet. — Pour maistre Jehan Lienault la prebende et chanoinie de Nostre-Dame de Vittry vaccant par la resignacion de maistre Morelet le Masle, faicte par procureur. (607. — fol. 133 v°.)

595. Lyon, juillet. — Pour Jehan de Girolamy, Alexandre, son frere, et Zenobis de Girolamy, frere dud. Alexandre, natifz de Fleurence, lectres de naturalité, avec le don de la finance. (569. — fol. 124.)

596. Lyon, juillet. — Pour Boniface, marquis de Monferrat, Marie et Marguerite de Montferrat, enffans de madame la marquise, lettres de naturalité et congié de tester, avec le don de la finance. (596. — fol. 131 v°.)

AOUT.

597. Lyon, 1er août. — Pour maistre Anthoine le Marchant l'office de conseillier lay en la court de Parlement à Rouen vaccant par le trespas de feu maistre Symon Boullent. (586. — fol. 129.)

598. Lyon, 2 août. — Acquict au tresorier de l'Espargne de la somme de deux mil cinq cens livres tournois dont Madame a fait don à messire Charles de Granmont, evesque d'Ayre, pour et en recompense de plusieurs services qu'il a faitz au Roy. (595. — fol. 131 v°.)

599. Lyon, 2 août. — La prebende de l'eglise de Noyon pour maistre Guillaume Jouye, secretaire de Madame, vaccant en regalle par le trespas de feu maistre..... Liegault. (597. — fol. 132.)

600. Lyon, 7 août. — Pour Jehan Huron l'office de sergent royal ordinaire du bailli de Loches, vaccant par le trespas de feu Charles Bougrault. (599. — fol. 132 v°.)

601. Condrieu, 8 août. — Main-levée de l'evesché de Tholose

pour messire Augustin de Trevolx, cardinal du Sainct-Siege Apos-
tholicque. (600. — fol. 132 v°.)

602. Montélimart, 18 août. — Serement de feaulté receu par
Madame, comme regente en France, de maistre Jehan de Hangest,
evesque de Noyon, per de France, pour raison de la temporalité
dud. evesché. (605. — fol. 133 v°.)

603. Montélimart, 18 août. — Placet aud. maistre Jehan de
Hangest pour mettre à execution les bulles appostolicques qu'il
a obtenues dud. evesché. (606. — fol. 133 v°.)

19 décembre 26

www.ingramcontent.com/pod-product-compliance
Lightning Source LLC
Chambersburg PA
CBHW070819250626
47170CB00006B/2154